法學啟蒙叢書

民法系列——

侵權行為

Torts

■ 郭冠甫　著

Civil Law

三民書局

國家圖書館出版品預行編目資料

民法系列:侵權行為／郭冠甫著.－－初版一刷.－－
臺北市：三民，2006
　　　面；　　公分.－－(法學啟蒙叢書)
參考書目：面
ISBN 957-14-4539-8　(平裝)

　　1.侵權行為

584.167　　　　　　　　　　　　　　　95009869

© 　**民法系列**
　　　　——侵權行為

著作人	郭冠甫
發行人	劉振強
著作財產權人	三民書局股份有限公司 臺北市復興北路386號
發行所	三民書局股份有限公司 地址／臺北市復興北路386號 電話／(02)25006600 郵撥／0009998-5
印刷所	三民書局股份有限公司
門市部	復北店／臺北市復興北路386號 重南店／臺北市重慶南路一段61號

初版一刷　2006年8月
編　　號　S 585600
基本定價　肆元陸角
行政院新聞局登記證局版臺業字第○二○○號

有著作權·不准侵害

ISBN　957-14-4539-8　　(平裝)

http://www.sanmin.com.tw　三民網路書店

自序

　　隨著農業社會的式微與工業社會甚至資訊社會的崛起，人與人之間的互動關係，也從原本的疏離，迅速轉化成現今的密不可分；個人的一舉一動無不牽涉他人的活動，一般的日常生活也就因此處處充滿利益衝突與感情摩擦，此時便亟須一套明確與公正的法律，俾利權益的受損害者向加害者求取應得的賠償。這套法律便是所謂的侵權行為法。我國對於侵權行為的規範，並未如英美法系國家般賦予侵權行為法獨立的地位，而是與其他大陸法系國家相同，將侵權行為法置於民法債編之中，所以因侵權行為所產生的權利義務關係，就是債權債務的關係，其基本規則適用債權法的原則。因此討論侵權行為的問題時，並無法將之與其他債權的原則完全切割，讀者在研讀本書時尚應具備民法債權編的基本概念，如此才能真正融會貫通。

　　民法侵權行為的規定共計十八條，與民法條文總計一千二百二十五條相較，雖是小巫，但在民法各式單一規範中，卻已屬繁多（例如無因管理七條、不當得利五條）。侵權行為的規定，與日常活動緊密結合，學習侵權行為法更不可與生活脫節，如何選擇一本能為生活中的爭端找到解決方案的書，便顯得十分重要。坊間雖有為數眾多的書籍以民法作為討論的主軸，但以專書的方式針對民法中某一章節詳加論述者，則是寥寥可數，而其中又以艱深的法理探討為主流，並不適合法律初學者或一般民眾使用。職是之故，本書的寫作方式雖亦有理論層面的研討，但並不刻意強調艱澀難懂，或是爭議繁多法律見解，而是儘量以實際案例加以說明，期能轉化

抽象的法律概念，成為與日常生活充分結合的實用規範，使學生與一般無深厚法學素養之人能夠清楚掌握法學的精義。

此次三民書局計畫將民法各重要議題分別以專書撰述，實為高瞻遠矚的作法，不但使作者可以不必拘泥於篇幅的限制而盡情發揮，也使讀者能夠針對有興趣或有需要的部分分別購閱，此一舉兩得的計畫為國內之創舉。三民的作為係學習民法者之福，本人有幸參與，乃莫大之光榮。

郭冠甫

2006 年 7 月

目次

民法系列——侵權行為

序

第一章

前　言

第一章 前 言

　　對於民法的初學者而言，侵權行為與犯罪之間的分際，似乎不易清楚
區分；兩者皆屬損害他人的行為，而確定責任成立與否的關鍵，也都是以
符合成立要件為準。事實上，自古規範侵權行為的原因，主要是為犯罪被
害人尋求賠償的途徑。古時侵權行為的救濟並非全以金錢賠償的型態存在，
而是流行以人身償債的手段，報復侵害他人權利的加害人；例如，「漢摩拉
比法典」中規定，在侵害他人身體的侵權行為中，法律准許被害人對加害
人身體的同一部位實施同樣的打擊，即所謂「以牙還牙，以眼還眼」。古羅
馬「十二銅表法」第八表也規定，毀傷他人肢體而不能和解時，被害人亦
得依「同態復仇」而毀傷加害人的肢體。這種報復性質濃厚的侵權行為救
濟方法，到羅馬法的後期已逐漸被較為文明的金錢賠償所取代，但歐洲其
他區域的法制，仍部分沿用類似的作法，例如，日爾曼法規定，債權人可
以在債務人不能清償到期債務之時扣押債務人。法蘭克王國時期，債務人
於訂立契約時，往往將長矛、木棍之類的東西交給債權人，象徵著自己的
人身連同財產一起處於債權人的權力之下。若不履行債務，則債權人即可
扣押其人身，債務人以勞動來償債，甚至淪為債權人的奴隸❶。

　　古老的成文法（如兩河流域等）當中，雖然都對侵權行為有所規範，
但是基本上均為侵權行為的具體描述，欠缺一個概括性的侵權行為條文。
時至羅馬法後期，侵權行為法便逐漸走向系統化；羅馬法將所有具體的侵
權行為分為兩種類型，其一是「私犯」，而另一類為「準私犯」；前者是指
一個人侵害他人的身體或財產，就必須承擔責任，也就是行為人自己實施
的侵權行為，頗具有一般侵權行為的基本特徵。私犯可分為四種類型，包
括盜竊、搶劫、財產上的損害，以及人身傷害。由於羅馬法對私犯的規定

---

❶　朱曉喆，〈西方「肉償契約」的興衰〉，《人民法院報》，
　　http://www.jcrb.com/zyw/n130/ca71316.htm。

屬於民刑不分，所以，羅馬法上的私犯既是侵權行為，也是犯罪行為。準私犯是指行為人的侵權的結果雖與私犯相同，但在其他方面，特別是主觀方面不同於私犯的行為，或是賠償義務人實際負擔是一種代付責任（負擔他人行為所造成的侵權行為責任）。對於這類行為，其處理的後果也與私犯相同，羅馬法上就將其稱為準私犯。羅馬法描述了六種準私犯的具體情況，例如：法官誤判造成損害、建築物懸掛物品造成他人的損害、掉落物或投擲物致他人損害、所養畜類加害於人由其飼主負賠償責任、學徒造成他人損害由其師傅賠償，及子女造成的損害由其父賠償等，十分類似現代民法所稱的特殊侵權行為❷。

　　羅馬法對侵權行為的分類，對日後大陸法系國家產生莫大的影響，例如「法國民法典」將侵權行為分為一般侵權行為與準侵權行為；一般侵權行為是將侵權行為條文化、概括化，及一般化的規定，一行為若是符合過失、損害、因果關係等成立要件，即構成侵權行為，行為人便負有損害賠償責任。至於準侵權行為的意義，即與羅馬法所稱的準私犯相同。「德國民法典」將侵權行為也分為兩類，一類稱為一般侵權行為，另一類則為特殊侵權行為。德國民法基本上沿襲法國民法的作法，但是在法國侵權行為的三項成立要件外，另加行為不法性的要件❸。我國民法有關侵權行為條文內容，大致因襲德國民法的規定，將侵權行為分為二類：在第 184 條訂定一般性的、概括性的侵權行為規範，而在第 185 條至第 191 條之 3 分別規定各種型態的特殊侵權行為。

　　我國民法有關侵權行為的規定多達十八條，儼然成為一套獨立的侵權行為法，足見侵權行為在社會上的重要性。筆者以法條編排的順序為本，將全書分為前言、概說、一般侵權行為、特殊侵權行為、侵權行為的效力，以及結語等六章。第一章前言，概略敘述侵權行為在法制史上的發展過程。第二章概說，進入侵權行為的具體論述，討論有關侵權行為的幾個基本概

---

❷　楊立新，〈侵權行為法的一般化和類型化〉，《中國民商法律網》，
　　http://www.civillaw.com.cn/weizhang/default.asp?id=8141。

❸　同上。

念，包括適法行為與違法行為、民事責任與刑事責任，以及侵權行為的歸責原則等要點。自第三章開始逐條介紹與分析侵權行為的規定；首先在第三章討論一般侵權行為，分別敘述三種不同樣態的一般侵權行為，即權利的侵害、利益的侵害，以及違反保護他人法律的侵權行為。第四章針對十種因不同情況所設的特殊侵權行為，一一進行成立要件與免責規定的分析。第五章述及侵權行為的效力，也就是有關損害賠償的討論，包括賠償當事人、賠償方法與範圍，以及侵權行為損害賠償的特性等。結語部分則是以羅列重點的方式代替結論，藉以掃描全書的精華，為讀者重新回顧侵權行為的要點。

第二章

概　說

第二章　概　說

◉ 第一節　侵權行為的意義

　　所謂侵權行為，依照民法第 184 條第一項的規定，是指因故意或過失不法侵害他人權利或利益時，應負擔損害賠償責任的行為；倘若行為人故意以違背善良風俗的方法加損害於他人（民法第 184 條第一項後段），或是違反保護他人的法律致生損害於他人者，同樣必須負賠償責任（民法第 184 條第二項）。在責任歸屬上，我國民法原則上採行「過失責任主義」，也就是侵權行為的被害人如果希望得到損害賠償，便必須舉證加害人的行為是出於故意或過失、故意違背善良風俗，或者是違背保護他人的法律，否則將無法如願。例如：某甲駕駛的機車遭乙所駕駛的貨車迎面撞及，甲若主張乙必須負擔其車損的賠償責任，則有義務舉證乙過失甚至故意衝撞甲車，或乙違反某項道路交通規則處罰條例的規定（如闖紅燈），才能要求乙負侵權行為損害賠償責任。此原則在傳統的民法觀念中，似乎是一種無可挑戰的真理，但在社會狀況不斷變遷的今日，堅持原則便顯得墨守成規，無法因應社會的實際需求。在某些特殊的情形下，完全貫徹過失責任主義，容易造成對被害人保護不周的現象，所以應容許部分的例外與原則並存，才能使侵權行為法更臻完善。所以我國民法於一般侵權行為採用過失責任原則規定外，更加入部分須負擔「中間責任」的特殊侵權行為，又在民國 88 年債編修正時，增訂商品責任等三項中間責任的規範，藉以加強對被害人權益的保障。此外，透過特別法的訂定，針對特殊的侵權行為型態，要求行為人負「無過失責任」（有關歸責原則的討論詳見本章第二節）。

　　被害人遭受加害人不法的侵害，因而在法律上取得向加害人請求損害賠償的權利，藉以回復其受損的權利或利益，如此雙方當事人間便產生債

權與債務的關係。因此侵權行為與債編中的契約、不當得利、無因管理合稱四大「債的發生原因」。在實踐上，此四項原因中尤以契約與侵權行為發生的頻率最高，重要性也相對較高。契約與侵權行為的屬性不同；前者是基於雙方意思表示合致所生，屬於「適法行為」，符合法律上價值判斷，為法律所允許的行為；後者則是基於一方對他方權利或利益的侵害，不為法律所容許而發生法律上效果的行為，屬於「違法行為」。契約與侵權行為雖為性質相左的法律行為，但有時會發生請求權競合的情形。以醫療過失為例，醫師若未善盡其注意義務而導致患者因而受損害時，應依民法侵權行為的規定負損害賠償責任。然而，病患前往醫院就醫，與醫師間自然產生醫療契約的關係，所以除原有的一般關係外，其彼此間並成立一特別之當事人的法律關係。因此，契約當事人間，同時成立「因不法侵害他人權利」及「契約不履行」的雙重責任。前者稱侵權責任，後者則稱契約不履行責任。所以發生醫療事故時，在民事責任方面，一為「侵權行為」的損害賠償責任，一為「債務不履行」的損害賠償責任，然此並非兩個獨立的請求權，本質上應是一個請求權而有兩個請求權基礎，當事人得從中擇一行使；其中一個請求權因目的達到而消滅時,其他請求權也會因目的達到而消滅，但是如果是因目的達到以外的原因消滅（如罹於時效）時，當事人仍得行使其他請求權。

　　違法行為的效果，在於使行為人負一定的法律責任。此法律責任稱為「民事責任」。法律上對侵害他人權益的行為，基本上是以刑事處罰與民事損害賠償要求行為人負責。前者稱為刑事責任，而後者則為民事責任。兩者雖皆為法律對違法行為所賦予的法律效果，但在本質上卻存在極大的差異。刑事責任，是以維護社會秩序與社會安寧為目的，對侵害刑法所規範法益的行為加以制裁；其所重視者乃藉由刑事的處罰，促使行為人改過向善，終能重返社會，進而防止將來惡害的再生。所以其追究的責任，並非加害人對被害人個人的責任，而是行為人對社會的責任。因此，刑事責任是基於個人與國家間的關係,國家透過檢察機關對加害人進行刑事的追訴，屬於公法上的責任。刑事責任的核心，是以主觀犯意的有無定其責任，所

以刑事責任以處罰故意犯為原則，以處罰過失犯為例外，另更有部分重罪附加處罰未遂犯的規定。反觀民事責任，其目的僅就被害人權利與利益上的損失加以填補（民法第 216 條），與他人權益無涉，屬於私法上的責任；加害人的責任在被害人的損害得到回復時消滅。所以民事責任的重心在損害的發生，加害人主觀的意思並不重要，所以無論是故意或過失的行為，一旦造成他人的損害，即需負民事責任。依此，倘若加害人有加害行為，但卻不造成任何人的損害時，加害人毋庸負擔民事賠償責任，因而不生未遂的問題。

　　侵權行為屬於違法行為，所以行為人應負擔民事責任，原則上須針對其故意或過失的行為負責。但如前述，在部分特殊情形下，儘管行為人無過失，仍需負損害賠償的責任。此外，侵權行為責任有時並非僅在於彌補被害人的損失，而是在政策上希望透過特別賠償責任的請求，對加害人的行為加以處罰，而使其他人以此為戒，進而達到嚇阻的效果，維持社會的和諧。此種損害賠償的型態，稱為「懲罰性賠償金」(punitive damages)。懲罰性賠償金原為英美法系國家特有的侵權行為責任，其目的在於借助類似刑法的處罰模式，使賠償義務人負擔超過其所應負擔的賠償責任，期望對社會產生殺一儆百的作用。所以其功能不僅在處罰加害人，防止其再犯，更重要的是防範社會上的人實施類似的行為。懲罰性賠償金制度的源起，最早可以追溯至西元前二千年的漢摩拉比法典、羅馬法和摩西律法中倍數賠償的觀念❶，此後又出現在英國習慣法 (common law) 中❷，之後又為美國所繼受，成為美國普通法的原則之一。懲罰性賠償金在美國已存在二百年以上，法院每每就消費者保護或公害的案件，作出高額懲罰性賠償金的判決，例如美國佛羅里達州邁阿密市法院於 2000 年審理煙害訴訟時，即作出煙商應支付 1450 億美金的懲罰性賠償金予 60 萬受害民眾的裁定❸。天文數字般的賠償金額，近年來已成為各界爭論的焦點，法律學者對懲罰性

---

❶　Linda L. Schlueter ＆ Kenneth R. Redden, Punitive Damages 1–3 (2d 1995).

❷　Wils. K. B. 205, 95 Eng. Rep. 768 (C. P. 1763).

❸　〈煙商挨告　始於 1988 年〉，《中時電子報》，2000 年 7 月 15 日。

賠償金制度的存廢看法不一，目前美國最高法院似乎傾向保留懲罰性賠償金制度，但必須限制賠償額度，試圖在不同意見中取得折衷❹。

　　由於懲罰性賠償金的制度與我國民法損害賠償的基本原則不符，我國民法中並未設有相關規定，但在某些特別法中引進此制度，成為民事法規中的立法特例。目前我國法律明文規定懲罰性賠償金者，計有證券交易法第 257 條之 1 第二項、公平交易法第 32 條、著作權法第 88 條第三項、營業秘密法第 13 條第二項、消費者保護法第 51 條，以及專利法第 85 條第三項等。我國的懲罰性賠償金制度雖然移植自英美法國家，但在規範上卻有較多的限制。一般而言，我國有關懲罰性賠償金的規定有二項特色：其一是處罰的對象以故意的侵害行為為原則。以上所列的法條中，除消費者保護法例外規定過失侵害的懲罰規定外，其餘均以故意侵害為限。本項特色符合懲罰性賠償金的原始設計目的，也就是對於惡性重大的故意行為加以處罰。其二則是懲罰性賠償金均有賠償額度上限的規定。此項規定的目的，在於避免天價般過高的賠償金所可能導致的負面影響。加害人若被處以高額的賠償責任，立即造成其本身經濟的困境，破產倒閉的可能性急速增加，對國家整體經濟不無損傷，同時也不符公平的原則，所以我國的懲罰性賠償金皆設有上限。例如消費者保護法規定，企業經營者因故意或過失違反該法所致消費者的損害，應分別給付損害額三倍以下，一倍以上的懲罰性賠償金。又如專利法規定，侵害專利權的行為如屬故意，法院得依侵害情節，酌定損害額以上的賠償，但不得超過損害額的三倍。因此我國法院在有關懲罰性賠償金的判決中，不可能出現如美國裁判中令人咋舌的驚人額度，但如此卻也可能實質限縮法官自由裁量的空間，更可能無法發揮懲罰性賠償金所欲達到的「嚇阻」作用，所以似有近一步檢討改進的必要。

---

❹　相關論述請參考陳聰富，〈美國懲罰性賠償金的發展趨勢——改革運動與實政研究的對峙〉，《侵權歸責原則與損害賠償》，元照出版公司，2002 年初版，pp. 325–397。

◉ 第二節 侵權行為的歸責原則

一、總 說

所謂歸責原則，是指確定侵權行為人侵權賠償責任的一般準則，也就是在損害事實發生後，確定侵權行為人需不需要為其所造成的損害負賠償責任的原則。侵權行為的歸責原則，大體上可區分為「過失責任」與「無過失責任」。前者是指加害人因故意或過失的行為所應負的責任，所以故意過失為構成「過失責任」的要件；後者是指縱使行為人本身無故意或過失，但因其行為或其他情事造成他人的損害，即應負損害賠償的責任，所以「無過失責任」並不以故意過失為責任的構成要件。在古羅馬時代，損害賠償的目的在於報復侵害的行為，所以無論是否存在歸責事由，行為人並無任何免責的餘地，均應負賠償責任，所以是以結果定其責任（結果責任主義），與過失故意或行為人的辨別能力毫無關聯，此原則乃揭櫫於十二木表法。時至 17、18 世紀，歸責原則逐漸發生變化，人們開始懷疑「結果責任主義」的公平性，進而產生「過失責任主義」的思想，後經拿破崙法典的採用，遂成為侵權歸責原則的主流。凡有理性的人，如已善盡其必要的注意義務，即得自由活動，對他人因其行為所受的損害，若無故意或過失，則無須負責。此「無歸責事由，即無責任」的主義沿用至今，仍為大陸法系民事法律的一般立法原則❺。

然而在工業革命以後，機械的運用日益增加，危險性事業隨之迅速成長，人民暴露在不安全的環境之中，遭受損害的機率大增。人民行使侵權行為請求權的對象，大多為持有或經營某特定具有危險的物品、設施或活動的人。這些行為人因經營危險事業而獲利，即應在某些程度上有能力控制這些危險，否則社會應要求其負較高的責任。再者，自 19 世紀以降，保

❺ 林誠二，《民法債編總論——體系化解說（上）》，瑞興圖書公司，2000 年 9 月初版，pp. 233–234。

險業蓬勃發展，危險事業的經營者可透過保險制度或價格機能分散損害賠償風險，使危險分擔降低。因此，如果要求危險活動的被害人證明加害人故意或過失行為始能獲得賠償，則容易使經濟力強大的危險事業經營者逃避其應負的責任，而無資產者則可能隨時淪為社會進步的犧牲品。為求社會公平，對某些極具危險性的事業所造成的損害，不再強調過失與故意的必要性，因而發展出「無過失責任主義」，亦通稱為「危險責任主義」。無過失責任主義並未取代過失責任主義，僅適用於特殊的侵權行為型態，屬於例外的規定。無過失責任主義目前廣受社會與學界的青睞，其適用範圍也在日益擴張之中，但其最終目的在於對付大規模企業所造成的重大損害，因此不至於侵入私人間的侵權行為糾紛，否則勢必限縮現代人自由活動的空間，有礙於社會經濟的發展，以及個人日常生活的正常運作，所以無過失責任主義成為侵權行為歸責原則主流的可能性，事實上並不高❻。

二、過失責任主義

㈠理論基礎

過失責任主義自 19 世紀初期開始蓬勃發展，並廣為大陸法系國家所採用。例如：法國民法第 1382 條、日本民法第 709 條、義大利民法第 2048 條、德國民法第 823 條，以及我國民法第 184 條等等❼，無不將侵權行為的一般歸責原則，定位為過失責任原則。過失責任主義普遍受到大部分國家接受的原因，與近代私法崇尚自由與個人本位有關。既然一切的權利由個人獨享，所有因其所生的責任自然應由個人負擔。所以個人對其過失行為所招致的損害，應由其自負民事賠償責任，才能符合社會的公平正義。相反的，如果損害的發生並非基於行為人的故意或過失，則行為人在道德與法律上自無受社會非難的餘地，所以也就沒有任何侵權責任可言。因此，侵權賠償責任以故意過失的有無為度，一方面規範人民在從事自由活動時嚴

---

❻　鄭玉波著，陳榮隆修訂，《民法債編總論》，三民書局，2002 年修訂二版，pp. 160–161。

❼　張新寶，〈侵權行為法立法體系研究〉，《私法研究》第三卷，2004 年。

守分際，時時善盡自己的注意義務，盡力防止損害的發生，如此便有助於社會安全的維護；另一方面，個人只需盡相當的注意，則毋庸擔心賠償責任的問題，所以得以自由從事日常活動或互相競爭而不受法律的約束，不但個人自由得以保障，社會經濟更因而受益。倘若不論故意或過失均要求侵權責任者，勢必造成謹慎者擔憂受罰而裹足不前，阻礙其自由活動的範圍；責任感薄弱者認為，既然不論注意與否皆可能導致賠償責任，所以事事放縱，肆無忌憚的從事危險行為，如此並非社會所樂見。過失責任主義修正結果責任主義對侵權行為責任的限制，建立一般性原則，使真正應負擔賠償責任者負起責任，填補受害人的損失，也使行為人不致動輒得咎，更因其善盡注意義務而受到法律的保護，此乃現代社會所重視的社會價值。

㈡不法行為與注意義務

採過失責任的侵權行為，其成立需行為人因故意或過失的不法行為，致生損害，且不法行為與損害間具有相當因果關係。不法行為可能是一種積極的「作為」，但消極的「不作為」也可能造成他人的損失，所以兩者均屬不法行為的樣態。作為與不作為的分際看似明確，但有時卻不易區別。定義上「作為」指有所而為，舉凡射擊、開刀、偽造、竊盜等可由外在認識的行為均屬之。因此，例如司機闖紅燈撞傷他人、醫生開錯刀、公務員偽造公文書、廠商仿冒他人商標、顧客偷取百貨公司商品等行為，皆應構成積極作為的侵害行為。而所謂「不作為」是指有所不為，意即消極的不行動，例如見人即將溺斃而不施以援手、警衛坐視歹徒行搶而不加以制止、撞傷他人而不電召救護車等皆為不作為。不作為並不一定成立侵權行為，而必須以作為義務的有無為判斷標準。例如：看護與家屬訂立契約照顧植物人病患，竟枉顧「契約義務」不留意維生系統的正常運作，導致病患死亡，此應構成不作為的侵權行為。又父母依法對未成

圖2-1 父母對子女有保護教養義務

年子女有保護與教養的權利與義務（民法第 1084 條），因此父母疏於管教子女，致生損害於他人的情形，父母亦應為未善盡「法律上的義務」，負侵權行為責任。對於自己的前行為所造成的損害，也應盡力補救，否則也成立侵權行為，例如撞人不立即送醫急救。尚有其他不盡社會活動安全注意義務者，如進行挖路工程不加警示、幽暗公共樓梯不裝照明、營業處安全門封閉等，此雖非契約或法律義務的違反，但從事某些業務或職業的人，必須對其營業處所或設施的安全詳加注意，否則即違反公序良俗所生的作為義務❽。

　　積極侵權行為中，加害人違反「不作為」的義務，不應為而為；而在消極的侵權行為中，加害人則是違反「作為」的義務，不為其所應為。不作為的不法行為時而與作為發生混淆，如果僅由外觀評斷，不見得能夠得出正確的結果。例如：開車遇紅燈未踩煞車，因而撞傷路人，或是未將子彈卸除，不慎擊發傷人的情況，乍看之下似屬不作為所生的損害，但「開車撞人」與「開槍傷人」，均屬作為，所以上開狀況皆應構成積極作為的侵害行為。所以，作為與不作為的區分，不應僅由外在的表徵判定，而是應以行為人的行為是否已對被害人的利益發生損害為斷。未踩煞車的不作為並未造成路人受傷，繼續開車才是受傷者發生不利益結果的主因。相同的，未將子彈卸除，並不發生對他人的不利益，須有槍枝擊發的動作始為加害的行為。

　　依據過失責任主義，行為人必須因故意或過失從事不法行為時，始負侵權損害賠償的責任。故意的標準較無爭議，行為人對構成侵權行為的事實，明知並有意使其發生（直接故意）；或預見其發生而其發生並不違反本意者，即為故意的行為（間接故意）（刑法第 13 條）❾。所以，希望致人於死而開槍射擊，是為直接故意；向一群學生開槍掃射，預見危險的可能卻依然實施，則為間接故意或未必故意。然就過失而言，學者有較多不同

<hr>

❽　王澤鑑，《侵權行為法㈠——基本理論　一般侵權行為》，自刊，2003 年 10 月初版九刷，pp. 101–106。

❾　參照最高法院 22 年上字第 4229 號刑事判例。

的見解。如孫森焱教授認為應借用刑法對過失的定義解釋，所以行為人雖非故意，但按其情節應注意，並能注意，而不注意；或對於構成侵權行為的事實，雖預見其能發生卻確信其不發生者，屬於過失行為（刑法第 14 條）❿。此定義雖呼應刑法的規定，但以怠於為注意義務的主觀心理狀態為度，似有難以舉證之處。所以王澤鑑認為，過失的認定標準必須客觀化，也就是必須以社會一般適用的標準為基礎，不可依個人特質為判斷模式，否則將造成法院審理案件時的困擾⓫。最高法院判例採用客觀的過失標準，認定「過失的有無，應以是否怠於善良管理人的注意為斷者，苟非怠於此注意，即不得謂之有過失。」⓬換言之，構成侵權行為的過失，是指欠缺善良管理人的注意程度的「抽象輕過失」而言，亦即未達「想像一誠實勤勉而且有相當經驗的人的注意力」的程度⓭，此乃客觀的注意標準。

　　無論是借用刑法對過失的定義，或是以怠於行使善良管理人的注意的客觀認定，均需以行為人須對被害人具有「注意義務」為前提，行為人違反注意義務的法律效果，則為損害賠償責任。注意義務的發生，大多以當事人間具有契約關係為前提，例如：保母與嬰兒父母間的委任契約關係、醫生與病患間的醫療契約關係、律師與當事人間的代理契約關係、或是僱用人與受僱人間的僱傭契約關係等。債務人如果欠缺契約上的注意義務，因而造成被害人生命、身體或財產上的損失，便須依其行為負賠償責任。注意義務也常因有法令上的義務而發生，例如：民法上規定的父母對子女的親權義務、國家賠償法規定的公務員注意義務，消費者保護法規定的商品製造人責任等。此乃立法者為保護特定人民，認為有要求行為人作為或

---

❿　孫森焱，《民法債編總論上冊》，自刊，2004 年 1 月修訂版，pp. 241–242。

⓫　王澤鑑，前揭《侵權行為法㈠──基本理論　一般侵權行為》，pp. 15–16。

⓬　最高法院 19 年上字第 2746 號民事判例。

⓭　鄭玉波著，黃宗樂修訂，《民法總則》，三民書局，2003 年修訂九版，p. 273。過失可分為「重大過失」與「輕過失」，前者指欠缺一般人的注意義務；後者分為「抽象輕過失」與「具體輕過失」。「抽象輕過失」為欠缺善良管理人的注意程度，乃客觀的注意標準；「具體輕過失」為欠缺與處理自己事務的同一注意，乃主觀的注意標準。

不作為義務的必要時，透過法令的制定，避免特定危險的發生，以及填補被害人的損失。

注意義務有時也存在於陌生人之間。一般人原無防範他人危險發生的義務，所以目睹陌生人溺水而不馳援，並不構成侵權行為。但陌生人間的注意義務卻可能因某些事件而產生。例如汽車超速行駛於慢車道，不慎撞傷路人，汽車駕駛人與路人間乃陌生人關係，但使用道路的人，應負維護交通安全的義務；所以駕駛人應隨時注意車況，預防任何偶發事件的發生，並有預備停車的準備，如未能盡到此一注意義務，則有侵權行為的賠償責任。換言之，行為人為一定行為後，對於一般人應負預防損害發生的義務。縱使對方亦有過失責任，如未行走於行人穿越道，也僅是與有過失（民法第 217 條）的問題，在賠償金額上法院得依職權減輕或免除，但仍不影響加害人的侵權行為責任❶❹。

另外，從事一定營業的人，在可預見的範圍內，對其營業設施或場所的安全，具有防範危險發生的注意義務。而此注意義務的適用對象，並不僅以與事業的經營者有契約關係的人為限（如旅館的房客），應包括所有可期待利用設施或場所者，即便該被害人與企業經營者間欠缺直接的契約關係。所以，餐廳的負責人對用餐的客人，不論是作東請客者，或是受邀赴宴者，都應該注意防範危險的發生，均有注意義務的存在。然而，最高法院曾有判決，認定應召陪宿的私娼在旅館火災中喪生，旅館因與私娼間無契約關係（非登記住宿的人），所以不負過失責任❶❺。本判決對於當事人的認定過於狹隘，無法有效保護被害人，所以屢遭學者駁斥，實為不可取的錯誤判決。

如果危險的發生，乃是因為加害人先前的危險行為所致，而依客觀的情事觀察，行為人應在其可預期的範圍內，從事防範危險發生的行為，否則即需負侵權行為責任。諸如挖路未設路障或加蓋，或是大樓外牆施工未

---

❶❹　陳聰富，〈侵權行為法上的過失概念〉，前揭《侵權歸責原則與損害賠償》，pp. 28–31。

❶❺　參照最高法院 58 年臺上字第 1064 號民事判決。

加防止物品掉落的設施等行為，若造成他人損害，即應負損害賠償責任。法院曾受理捷運走道門檻過高導致乘客受傷的案件，作出捷運公司應為其疏於防範危險發生而須賠償的判決。本案原告於臺北某捷運站出口處，因走道門檻凸出地面約八公分，且未設置任何警示標誌，所以絆倒受傷，因而請求捷運公司負賠償責任。被告雖辯稱門檻設計乃因應防洪需要，有其必要性，該設計並無過失。然而法院認為，高於地面甚多的門檻，在通常的情況下，極容易造成絆倒的事件發生；被告應能預見此危險，且該損害發生的客觀條件，也是在被告可以控制的範圍內。被告的注意義務由此而生，在其未採取防範危險發生的措施（如設置警告標示）之際，被告應負賠償責任❶❻。

三、無過失責任主義

㈠適用範圍與理論基礎

無過失責任主義亦稱為危險責任主義，在英美法中稱為 liability without fault 或 no-fault liability，也就是侵權行為的成立並不以行為人的故意或過失為要件。在適用範圍上，無過失責任主義是因應社會經濟的發展，與工商規模的擴大，而須適度保護經濟弱勢、彌補過失責任的不足而設立；其基本宗旨在於對不幸損害的合理分配，所以性質上已不具一般法律責任的涵義，只具有恢復權利的性質。但無過失責任主義不宜無限上綱，否則將影響工商活動與個人自由，因此無過失責任須以法律明文規定者為限，才有適用的餘地。目前世界各主要國家的侵權行為立法上，大多是以特別法明確規定了無過失責任，例如：德國於 1872 年曾制定「國家責任法」，該法第二條規定經營礦山、採石場及工廠者，對其所聘僱的監工及工頭的過失，致勞工遭受損害者，在一定範圍內，不論僱主本身是否有過失，均應負損害賠償責任。其他如 1990 年施行的商品責任法與環境責任法，亦採無過失的危險責任。法國也於 1898 年制定了「勞工賠償法」，規定工業事故的無過失責任；較為晚近的無過失責任立法，包括 1934 年的航空法與

---

❶❻ 參照臺北地方法院 90 年訴字第 4229 號民事判決。

1965 年的核子損害賠償法 ❼。在習慣法國家，英國政府在 1897 年制定的
「勞工補償法」中規定，即使受害的僱員及其同伴與第三者對事故損害互
有過失，而雇主無過失，雇主仍應對僱員在受僱期間的傷害負賠償責任。
19 世紀末至 20 世紀初，美國許多州相繼制定了勞工賠償條例。這些條例
通常規定，不論僱用人或受僱人有無過失，僱用人對於所發生的傷害事件
均應承擔風險 ❽。我國亦有規範無過失責任的特別法，例如礦業法、民用
航空器法、核子損害賠償法，以及消費者保護法等。

　　至於無過失責任主義的理論基礎，學者看法不一；有主張「報酬責任
說」者，認為行為人於取得利益的過程中，若造成他人損害，則應自利益
中予以賠償；由於此項行動自由發生的損害，即為實現自己利益所發生的
費用，應由其負責才屬公平。此說採用取得利益者，應負擔損失責任的主
義，所以又稱為「利益主義」。依此理論，加害人僅需就其所受利益的範圍
內負賠償責任，如果損害超出利益時，則無救濟的辦法。我國民法第 188 條
有關僱用人的侵權行為責任的規定，採用此一原則，亦即僱用人透過受僱
人的活動而獲得利益，所以在受僱人因執行職務加損害於他人時，應與受
僱人負連帶賠償責任 ❾。也有學者認為，無過失責任的目的在於消弭危險
事件的發生，所以對於他人利益具有特殊危險的事業或行為所致損害，無
論過失與否，應依法律負擔賠償責任。為求經濟社會的發展，法律雖然允
許某些危險事業或行為的存在，但在兼顧一般人民安全的考量下，特對危
險物的所有人或管理人課以無過失責任，使符合社會正義。此乃所謂的「危
險責任說」。前述我國特別法上採無過失責任的特殊侵權行為，基本上含有
危險責任的原理 ❿。

---

❼　王利明，〈論無過失責任〉，《中國民商法律網》，
　　http://www.civillaw.com.cn/lawstar/Paper/%CD%F5%C0%FB%C3%F7/default3.
　　htm。

❽　同上。

❾　鄭玉波著，陳榮隆修訂，前揭《民法債編總論》，p. 160。

❿　孫森焱，前揭《民法債編總論上冊》，p. 202。

㈡民法規範的無過失責任類型

我國民法所規定的無過失責任，部分為純正的無過失責任，而另一部分則為所謂的「中間責任」。純正無過失責任不因行為人舉證其無過失而免責，例如：民法第 110 條規定：「無權代理人，以他人之代理人名義所為之法律行為，對於善意之相對人，負損害賠償之責。」無權代理人的責任，是直接基於民法的規定而發生的特別責任，並不以無權代理人有故意或過失為要件，所以屬於無過失責任的一種[21]。又如民法第 174 條有關無因管理的責任規定：「管理人違反本人明示或可得推知之意思，而為事務之管理者，對於因其管理所生之損害，雖無過失，亦應負賠償之責。」民法 231 條規定債務人遲延責任，債權人固然得請求債務人賠償因遲延而生之損害，甚至在遲延中，對於因不可抗力而生的損害，也必須負責。這些條文均採無過失責任原則，且行為人並無法藉由舉證自己無過失的方式，免除損害賠償責任，所以為純粹的無過失責任。

民法侵權行為原則採過失責任主義，僅在部分特殊侵權行為採無過失責任主義，但民法卻不採純粹的無過失責任原則，而是以介於過失責任與無過失責任的「中間責任」取代。例如：民法第 187 條規定法定代理人對其未成年子女所為的侵權行為，應負連帶的賠償責任。但如果法定代理人能夠證明其「監督並未疏懈，或縱加以相當之監督，仍不免發生損害者，不負賠償責任」（民法第 187 條第二項）。換言之，法律預先推定法定代理人的過失責任，倘若法定代理人能舉證其無過失，即可免責。所以，法定代理人的責任是一種推定的過失責任，屬於「過失責任之上、無過失責任之下」的類似無過失責任的責任型態，學者將此型態稱之為「中間責任」或「推定過失責任」[22]。舉證責任的倒置在某些程度上修正過失責任，使法院基於社會的需要，衡量當事人的利益，合理的分配損害。雖然行為人有機會擺脫此類侵權責任，但實務上舉證免責的案例十分罕見，造成實際

---

[21] 參照最高法院 56 年臺上字第 305 號民事判例。

[22] 邱聰智，《新訂民法債編通則（上）》，自刊，2003 年 1 月新訂一版修正二刷，pp. 203–204。

上的無過失責任❷；但追根究底，「中間責任」仍為適應特殊狀況所為的過失責任的改良，所以無法認定為純正的無過失責任。不過，也有學者認為法定代理人本身並無直接侵害的事實，所以無過失可言，因此法律課予的責任，並非過失責任，而是無過失責任。至於法定代理人可舉反證免除賠償責任的部分，僅能視為是一種特殊的免責規定，並無法更改無過失責任的認定❷。

我國民法有關「中間責任」的條文，多以「責任人如能證明其於損害之防止已盡相當之注意，或縱加以相當之注意仍不免發生損害者，不負賠償責任」的文句模式規範。除上述民法第 187 條外，類似條文尚有規範僱用人責任的民法第 188 條、關於動物占有人責任的第 190 條、規定工作物所有人責任的第 191 條、有關商品製造人責任的第 191 條之 1、規定動力車駕駛人責任的第 191 條之 2，以及有關危險製造人責任的第 191 條之 3 等條文。

㈢特別法規範的無過失責任類型

前述民法規範的某些特殊侵權行為，採「中間責任」主義；但特別法上的特殊侵權行為的歸責原則，部分如民法般採用中間責任，部分則奉行純正的「無過失責任」主義。採中間責任者多為與大眾運輸有關的特別法，例如：公路法第 64 條規定：「汽車或電車運輸業遇有行車事故，致人、客傷害、死亡或財、物損毀、喪失時，應負損害賠償責任。但經證明其事故發生係因不可抗力或因託運人或受貨人之過失所致者，不負損害賠償責任。」其他與大眾運輸有關的法律雖有類似的中間責任規定，但在舉證免責之餘，仍需酌給死者或傷者卹金或補助費。例如：鐵路法第 62 條規定：「鐵路因行車及其他事故致人死亡、傷害或財物毀損喪失時，負損害賠償責任。但如能證明其事故之發生非由於鐵路之過失者，對於人之死亡或傷害，仍應酌給卹金或醫藥補助費。」又如大眾捷運法第 46 條規定：「大眾捷運系統營運機構，因行車及其他事故致旅客死亡或傷害，或財物毀損喪失時，應

---

❷　王澤鑑，前揭《侵權行為法㈠——基本理論　一般侵權行為》，p. 16。

❷　林誠二，前揭《民法債編總論——體系化解說（上）》，p. 236。

負損害賠償責任。前項事故之發生，非因大眾捷運系統營運機構之過失者，對於非旅客之被害人死亡或傷害，仍應酌給卹金或醫療補助費。」此所謂卹金或補助費，性質上應不等同於損害賠償，而是屬於一種基於人道的補償。

　　特別法上採純正無過失責任的特殊侵權行為，均為與公共安全相關的立法，其著眼點在於保障社會大眾的身家安全。所以法律對從事危險活動、經營危險設施，或占有危險設備或物品的人，因其活動、設施、設備或物品所造成的危險，應負擔較過失責任較重的危險責任（無過失責任），如此才能避免被害人因難以舉證加害人的過失，而無法獲得賠償的不公平現象。危險責任的立法理由，乃鑑於從事危險事業或活動者為製造危險的來源，且該等經營者因危險活動而獲得利益，所以在某些程度內應有控制危險的能力；所以當危險發生時，無論是否出於行為人的故意或過失的行為，應就此危險的損害負賠償責任，才能符合公平正義的精神❷⑤。我國特別法上採用的危險責任的特殊侵權行為，較為重要者計有四項，茲簡述如下：

1. 礦災責任

　　礦業法第 49 條規定：「因礦業工作致礦區以外之土地有重大損失時，礦業權者應給與土地所有人及關係人以相當之補償。」礦業權人的補償責任，不以過失與否為前提，一旦造成損害，即應負擔，此乃危險責任原則的體現。

2. 航空責任

　　民用航空法第 89 條規定：「航空器失事致人死傷，或毀損他人財物時，不論故意或過失，航空器所有人應負損害賠償責任；其因不可抗力所生之損害，亦應負責。自航空器上落下或投下物品，致生損害時，亦同。」另外，航空器如果有租賃、附條件買賣或借貸而使用的情形，而發生上述損害時，則由所有人與承租人、附條件買賣買受人或借用人負連帶賠償責任。但附條件買賣、租賃已登記，除所有人有過失外，由承租人、附條件買賣買受人單獨負責（同法第 90 條）。由此可知，航空器的所有人等的侵權責任甚高，除採無過失責任外，對不可抗力所生的損害，也在賠償的範圍之內。

---

❷⑤　參照民法債編修正第 191 條之 3 修正理由。

為免航空運輸業者的責任過高，導致有意經營此事業者望之卻步，或事件發生後，公司隨之宣告破產，而使受害者求償無門，民用航空法因而設置強制保險的特別規定，同法第 94 條規定：航空器所有人在申請本國籍登記前，以及民用航空運輸業於申請許可籌設前，應投保責任保險。且若此責任保險經交通部訂定金額，則應依訂定的金額投保，促使所有航空業者均能符合國家設立的投保標準，不致有投保金額過低的風險產生。航空業者藉此減輕危險責任的負擔，將航空責任社會化，也使無過失責任原則得以公平的適用。

3. 核子損害責任

核子損害賠償法第 18 條規定：「核子設施經營者，對於核子損害之發生或擴大，不論有無故意或過失，均應依本法之規定負賠償責任。但核子事故係直接由於國際武裝衝突、敵對行為、內亂或重大天然災害所造成者，不在此限。」若比較核子損害責任與航空責任，吾人可清楚看出，前者顯然較後者為嚴格。核子損害責任雖然也採無過失責任主義，但在第 18 條所列舉的不可抗力情形下，核子設施經營者無須負責。再者，損害的發生或擴大，如果是因被害人的過失或故意所致，法院得減輕或免除對該被害人的賠償金額（同法第 19 條）。此外，核子賠償責任採限額賠償的制度，每一核子事故，最高賠償限額定為 42 億元（不包括利息及訴訟費用）（同法第 24 條）。為確保賠償責任的實現，核子損害賠償法第 25 條規定：「核子設施經營者，應維持足供履行核子損害賠償責任限額之責任保險或財務保證，並經行政院原子能委員會核定，始得運轉核子設施或運送核子物料。」此乃保險與財務保證的強制條款。核子損害賠償法也規範國家的補充責任，核子設施經營者因保險或財務保證所取得的金額，如果不足履行損害賠償責任時，國家必須補足差額，但仍以 42 億為限（同法第 27 條）。

4. 違反消費者安全保障責任

關於違反消費者安全保障責任部分，主要依據消費者保護法的規定辦理，其基本類型有下列三項：

(1)商品製造與提供服務者責任

　　消費者保護法第 7 條規定：「從事設計、生產、製造商品或提供服務之企業經營者，於提供商品流通進入市場，或提供服務時，應確保該商品或服務，符合當時科技或專業水準可合理期待之安全性。商品或服務具有危害消費者生命、身體、健康、財產之可能者，應於明顯處為警告標示及緊急處理危險之方法。企業經營者違反前二項規定，致生損害於消費者或第三人時，應負連帶賠償責任。但企業經營者能證明其無過失者，法院得減輕其賠償責任。」此乃商品服務製造人的無過失責任。所謂商品製造者，除從事生產與製造的營利者外，非營利團體如公益性社團法人或財團法人，如兼營交易活動，也應屬於此條規範的對象❷❻。而提供服務者，是指如運輸業、餐飲業、旅遊業等服務業，或是自由業者，如獨自服務的律師、會計師、建築師、室內設計師等。企業經營者所提供的商品或服務，如果在本質上有致生損害的危險，則有善盡說明與警示的義務。如未盡此義務而招致他人受損時，不問有無過失，均應負賠償的責任。但應注意的是，企業經營者的無過失責任，可因證明無過失，而獲得法院「減輕」其賠償責任的機會。換言之，企業經營者並不因舉證無過失而完全免責，僅是作為法院裁定賠償責任時，尌酌減少金額的因素。

(2)從事商品或服務的經銷者責任

　　消費者保護法第 8 條規定：「從事經銷之企業經營者，就商品或服務所生之損害，與設計、生產、製造商品或提供服務之企業經營者連帶負賠償責任。但其對於損害之防免已盡相當之注意，或縱加以相當之注意而仍不免發生損害者，不在此限。前項之企業經營者，改裝、分裝商品或變更服務內容者，視為前條之企業經營者。」此乃商品服務經銷的中間責任。所謂商品經銷商，一般指經手銷售的人，如貿易商、批發商、零售業等屬之。所以市面上林立的大型百貨或電子產品通路商，或是連鎖超市、藥局等，均屬於本條所稱的經銷商。經銷者的侵權責任較商品製造者為低，因其若能證明已盡相當注意義務，或縱加以注意仍無法避免損害的發生，則可免

---

❷❻　詹森林、馮震宇、林明珠，《認識消費者保護法》，行政院消費者保護委員會，1995 年，p. 33。

責，所以經銷者所負的責任為推定過失責任，亦即中間責任。此乃考慮經銷商防免損害的注意及賠償能力，為一例外的規定。但如果經銷商將製造商交付的商品加以分裝、改裝或變更服務內容，此時，該企業經營者的身分，即由經銷商轉變為製造商，而須負無過失責任。

(3)輸入商品或服務者責任

消費者保護法第9條規定輸入商品或服務者的責任:「輸入商品或服務之企業經營者，視為該商品之設計、生產、製造者或服務之提供者，負本法第七條之製造者責任。」本條採無過失責任主義。所謂商品輸入，應指由外國進口商品或服務，並使其流通於本國市面，如汽車進口商、電器音響進口商等。輸入者並不一定為總代理，平行輸入（水貨）業者，也應負第9條的責任❷。

四、衡平責任

㈠理論基礎

衡平責任又稱為公平責任，是指法定代理人或僱用人等與侵權行為人負連帶賠償責任的人，雖已盡到監督之責，但損害仍然發生，法院得依被害人的聲請，斟酌行為人及其衡平責任人與被害人的經濟狀況，令行為人或其衡平責任人為全部或一部的賠償。所以，衡平責任的構成要件，在客觀上須以侵權行為的存在為前提，並造成了損害的事實；而在主觀上衡平責任的賠償義務人並無過失。行為人與連帶賠償責任人賠償責任的產生，並不是因為可受非難的侵害行為，而是基於經濟上衡平的考量，將損害結果在當事人間進行公平的分配。衡平 (equity) 的概念源於英美法系，目的在實現法律的公平理念，於用罄法律救濟途徑之際，卻又存在不公平情事時，經法律特別明文規定，要求行為人負此衡平責任。因此，衡平責任理論與無過失責任類似，所以有學者將之歸類為無過失責任的一種❷。然而，

❷ 詹森林、馮震宇、林明珠，前揭《認識消費者保護法》，p. 31.

❷ 鄭玉波著，陳榮隆修訂，前揭《民法債編總論》，p. 203；胡長青，《中國民法債編總論》，臺灣商務印書館，1968 年，p. 167.

衡平責任應視為中間責任的補充，雖有濃厚的無過失責任色彩，但中間責任的本質並非純粹的無過失責任，所以將附屬其上的衡平責任認定為無過失責任的一種，其實並不恰當。亦有學者認為衡平責任屬於結果責任❷，但事實上兩者間存在相當的差異；結果責任，是於過失責任與無過失責任尚未明確分野前的原始制度，是一種報復型的侵權行為歸責原則；其賠償純以損害的有無為準，一有損害的發生，則必須允以完全賠償。而就衡平責任而言，其賠償責任的有無，或是賠償金額的多寡，是由法院斟酌行為人與被害人的經濟狀況加以決定❸。倘若被害人的財力遠遠超越行為人，則法院可免除行為人的賠償責任；反之，則可令行為人負全額的賠償。所以衡平責任與結果責任雖相似，但卻屬於不同的侵權歸責理論。

㈡民法規範的衡平責任類型

我國民法有關衡平責任的規定，僅見於規範法定代理人責任與僱用人連帶責任的條文。修正前的民法第 187 條第三項規定，無行為能力人或限制行為能力人不法侵害他人之權利者，因其於行為時不具識別能力，而法定代理人對其的監督並未鬆懈，或縱加以相當的監督，而仍不免發生損害時，造成被害人不能請求損害賠償的情形，法院可因被害人的聲請，斟酌行為人與被害人的經濟情形，命令行為人為全部或一部的損害賠償。但因行為人為無行為能力人或限制行為能力人，往往無資力可供賠償，所以民國 88 年債編修正時，特將衡平責任加諸行為人的法定代理人身上，使被害人可向行為人的法定代理人請求全部或一部的損害賠償。民法第 188 條第二項規定僱用人的衡平責任。僱用人對受僱人因勞務供給契約而有選任監督關係，在此種關係下，受僱人因執行職務，不法侵害他人權利時，因僱用人對受僱人的選任及監督其職務的執行已盡相當的注意，而仍不免發生損害者，法律免其連帶賠償責任，卻造成被害人不能受損害賠償時，被害人可依本項規定聲請法院斟酌僱用人或被害人的經濟狀況，令僱用人為全部或一部的損害賠償。其立法精神重於保護經濟上的弱者，同時又因僱用

---

❷　史尚寬，《債法總論》，自刊，1978 年，p. 178。

❸　林誠二，前揭《民法債編總論——體系化解說（上）》，p. 282。

人取得對受僱人的求償權(同條第三項)，也不至於造成僱用人過重的負擔。

◉ 第三節　案例研究

＝＝ 案例一 ＝＝

> 　　道眉搭乘臺北市公車處的公車，自文化大學向臺北市區方向行駛。公車途經陽明山仰德大道時，因煞車失靈，發生重大車禍，司機在事故中喪生，道眉則右側大腿骨嚴重骨折，頸椎脫位，損失約 100 萬元。試問道眉可否向臺北市公車處請求懲罰性賠償金？

解　析

　　懲罰性賠償金乃一仿自美國的制度，我國民事普通法並無相關規定，僅在特別法中引進該制度。本案起因於消費糾紛，而當事人為消費者與企業經營者，所以適用消費者保護法；消保法為加強企業經營者對消費權益之重視，同時鼓勵權利受到侵害之消費者積極主張應有之權利，特於第 51 條規定，依消費者保護法所提之訴訟，因企業經營者之故意所致之損害，消費者得請求損害額三倍以下之懲罰性賠償金；因過失所致之損害，得請求損害額一倍以下之懲罰性賠償金。所以道眉除可依民法第 188 條向臺北市公車處請求 100 萬元損害賠償外（僱用人之連帶賠償責任），同時可依消保法第 51 條另請求 100 萬元以下的懲罰性賠償金。

案例二

小王房屋浴室漏水，經水電師傅勘查後發現，起因是樓上住戶小林馬桶漏水所致。小王雖然一再請求小林修繕，但均未獲善意回應，小林甚至表示馬桶是自己壞的，他根本沒有動到水管，所以不用負責。由於小林再三拒絕修繕，竟造成小王房屋內裝潢嚴重損壞，牆壁產生嚴重壁癌，試問小王是否可請求小林賠償？

解　析

　　侵權行為的成立，原則上需行為人因故意或過失的不法行為，致生損害，且不法行為與損害間具有相當因果關係。不法行為可能是一種積極的「作為」，但消極的「不作為」也可能造成他人的損失。不作為得成立侵權行為的情形，須以作為義務存在為前提，而作為義務的發生原因須基於契約、法律、公序良俗，或是社會活動安全注意義務（包括因自己行為致發生一定結果的危險、開啟或維持某種交通或交往，或因從事一定營業或職業而承擔防範危險的義務）。本案損害發生之起因為小林馬桶漏水所致；小林對該房屋內之漏水問題應負有維護修繕的責任，此乃公寓大廈管理條例第 10 條第一項及第 12 條後段但書等條文所明定，所以「基於法律」，小林有作為的義務，其不作為當然構成侵權行為。因此小王有權請求小林負損害賠償責任。

第三章

一般侵權行為

第三章 一般侵權行為

　　民法所規範的侵權行為類型，可分為「一般侵權行為」與「特殊侵權行為」二類。此二型態的侵權行為，通常是以損害是否出於自己之行為所致，作為區分的標準。換言之，因行為人個人行為致損害於他人的權利，而依法須負賠償責任的情形，即所謂的一般侵權行為，或稱為通常侵權行為；但如果侵權行為的成立，必須有第三人的參與，或是出於自己行為以外的事實，則屬於特殊侵權行為的範疇。然而，部分學者也有持不同看法者，例如王伯琦教授認為，此分類標準不足以表明二種行為的特質，主張應將之區分為「直接侵權行為」與「間接侵權行為」；前者是由行為人自己之故意或過失，直接侵害他人權利之行為；後者是由行為人自己之故意或過失，致他人之行為或行為以外之事實，侵害他人權利之行為 ❶。鄭玉波教授不同意以上的分類，認為一般侵權行為與特殊侵權行為的分野，應在依所負賠償責任之性質而定；如果其責任為單純的過失責任，是為一般侵權行為；如果所負責任是連帶責任、中間責任，甚至是衡平責任者，則為特殊侵權行為 ❷。以上的分類標準雖有所不同，但並不影響條文上的歸類：一般侵權行為指民法第 184 條所規定的三種侵權行為樣態而言，即「權利的侵害」、「利益的侵害」，與「違反保護他人的法律」之行為。特殊侵權行為則包括「共同侵權行為」（民法第 185 條）、「公務員侵權行為」（第 186 條）、「法定代理人責任」（第 187 條）、「僱用人責任」（第 188 條）、「定作人責任」（第 189 條）、「動物占有人責任」（第 190 條）、「工作物所有人責任」（第 191 條），以及民法第 191 條之 1 至之 3 的「危險責任」（包括「產品責任」、「機動車致人損害責任」、「危險製造人責任」）。本章先討論一般侵權行為，而各類的特殊侵權行為將於第四章分述之。

---

❶　王伯琦，《民法債篇總論》，正中書局，1985 年 9 月第 12 次印行，p. 68。

❷　鄭玉波著，黃宗樂修訂，《民法總則》，三民書局，2003 年修訂九版，p. 161。

◉ 第一節　權利的侵害

民法第 184 條第一項前段規定:「因故意或故失不法侵害他人權利者,負損害賠償責任。」這是對被害人權利之侵害的侵權行為類型。此型態侵權行為的主客觀成立要件如下:

一、客觀要件

(一)須有加害行為

權利侵害之行為需基於故意或過失,適用過失責任主義。誠如前述,侵害他人權益的行為,並不以積極的作為為必要,消極的不作為也包括在內,但以本有法律、契約等積極作為義務為前提。因為只有發自自己意思的加害行為才須負責,所以無意識的動作,並不構成侵權行為。民法第 184 條旨在宣示「自己責任原則」或是「個人責任原則」,行為人並不對他人的行為負責。值得注意的是,所謂「自己行為」,並不當然僅指自身的行為,若利用他人或某物為工具而侵害他人時,也包括在「自己行為」的範圍內。所以,利用他人為機械所為之行為,例如甲以乙的手握球棒敲擊丙頭部;利用無責任能力者為侵權行為,如縱放精神病患毆打他人;利用無故意或過失之人為侵權行為,如將毒藥交給不知情之人加入水中毒害他人;或是利用某物為侵權行為,例如放狗咬傷鄰居的小孩等行為,由於被利用的他人或物不具備侵權行為的要件,所以這些行為都應視為行為人自己的行為。應注意的是,如果被利用的他人,於行為時有責任能力或故意過失,則構成共同侵權行為,但仍不影響利用者本身的侵權責任。

(二)行為須不法且無阻卻違法的事由

所謂不法亦即違法,一般認為是指形式上違反法律明文強制或禁止的規定 (強行規定),或實質上依法律之精神與目的,有違反公序良俗者。法律消極保障權利之不可侵犯性,同時也積極的實現權利的內容,所以一切侵犯權利行使或阻礙權利實現的行為,皆為不法行為。例如: 擄人勒贖、

縱火燒機車、槍擊他人等。行為人以背於善良風俗的方法侵害他人權利，雖非違反法律明文的強行規定，但其侵害他人的權利已經屬於不法，侵害之方法又是背於善良風俗，更是不法❸。例如以誇大的廣告誘使他人訂約，致他人受損的行為。民法第 184 條第一項前段的權利侵害類型，專指違反強行規定之不法行為；至於以「背於善良風俗的方法」侵害他人權利，則規定在同條同項後段。無論是何種類型的不法行為，只要有違法的結果，均可成立侵權行為；但如果因某種事由而阻卻違法的發生，則雖為不法的加害行為，仍不受法律的制裁。阻卻違法的事由共有六項，分別敘述如下：

1. 權利的行使

權利的行使，指權利人為享受權利內容所為的行為。行使權利的行為，無論是公法上（例如：行使國家公權力、主管機關之職權行為、依據合法有拘束力的命令等）或私法上（例如：所有權、抵押權之行使、基於契約關係、父母與監護人的權利等）的權利❹，雖然造成他人的損害，仍不稱為不法的行為，因此無須負損害賠償責任。所以，父母行使民法第 1085 條對子女的懲戒權，雖對子女的自由加以限制（禁足），並不發生侵權行為。相同的，警察逮捕嫌疑人的行為，也非違法的行為。然而，如果在行使權利之時，逾越正當的權利行使範圍，則造成所謂的「權利濫用」，便屬於違法的行為。法律不保護違法行為，所以成立侵權行為。例如前述之限制子女自由的行為，如禁止其參加學校的郊遊活動，應屬合理；但將子女長期監禁於狗籠中，則明顯的濫用懲戒權。民法第 148 條第一項後段明文規定權利濫用的禁止，對於權利之行使，不得以損害他人為主要目的；權利人行使權利違反法律賦予權利的主旨，因而在法律上否認其該行為的適法性。權利的行使以損害他人為主要目的的情況，包括「於自己所得利益極小而於他人損害甚大者，或其行使違反經濟用途或社會目的者在內」。❺換言之，權利的行使是否以損害他人為主要目的，應就權利人因權利行使所能取得

---

❸　孫森焱，《民法債編總論上冊》，自刊，2004 年 1 月修訂版，p. 210。

❹　黃立，《民法債編總論》，元照出版公司，2002 年 9 月二版三刷，p. 242。

❺　參照最高法院 70 年臺上字第 3283 號民事判決。

的利益，與國家社會或他人因而所受的損害相比較，如果前者極小，而後者極大時，則為權利的濫用❻。這便是權利社會化的體現。所以，如果取得許可設置聲色場所，其主要目的在於促使鄰居老人安養院的搬遷出讓，以建造大型購物商場，此非法律所允許的行為。

2. 正當防衛

正當防衛屬於民法上的自力救濟制度之一，民法第 149 條規定：「對於現時不法之侵害，為防衛自己或他人之權利所為之行為，不負損害賠償之責。但已逾越必要程度者，仍應負相當賠償之責。」正當防衛屬於適法行為，是對於不法侵害的排除，所以可以阻卻違法，不發生侵權行為損害賠償的責任。正當防衛所希望反擊的，必須是「現時的不法」；所以侵害行為須已著手，或現正實施而未完畢，才可對之為防衛的行為。例如：某甲欲對乙女施以強制性交，卻遭乙女踢傷下體；或是遭人以利器威脅生命，而以槍擊對方解除危機等，都是正當防衛。如果侵害不再存在，再行防衛便成為報復；或是侵害尚未發生而先發制人，也不是正當防衛。正當防衛是排除不法侵害的適法行為，也就是「正對不正」的關係，如果侵害屬於合法的情形，例如警察行使公權力逮捕通緝犯，此時受害人有忍受侵害的義務，不得主張正當防衛❼。正當防衛所欲防衛者為「自己或他人之權利」，包括公權與私權而言，私權則兼指財產權與非財產權；而防衛他人權利所為之行為又稱為「緊急救助」。

圖 3–1　警察逮通緝犯

正當防衛的反擊行為不可毫無限制，防衛的權利與造成他人損害間必須相當，應有比例原則的適用。所以，第 149 條但書規定防衛不應逾越必要的程度，而有多種防衛方法時，就應該選擇反擊較輕且相當的方法，否

---

❻　參照最高法院 71 年臺上字第 737 號民事判例。

❼　鄭玉波著，黃宗樂修訂，《民法總則》，三民書局，2003 年修訂九版，p. 441。

則應負賠償責任（防衛過當）❽。認定正當防衛是否適當的標準，法律上無法建立單一的準則，必須依據具體的客觀情事，及各當事人的主觀事由定之，不能僅憑侵害人一方受害情狀為斷❾。例如小偷未攜帶任何武器闖空門，屋主剛好回家，見狀竟立即持槍將竊賊擊斃，此防衛超出必要的程度，所以是防衛過當❿。但如果是眾盜匪深夜侵入民宅，將主人綑綁後大肆搜括財物，主人之子奮力抵抗而殺死匪徒，則應不能認為其行為已經逾越必要程度，因以該手段對付凶惡歹徒，乃是適當的行為⓫。

3. 緊急避難

民法上有關緊急避難的條文規範在第 150 條，第一項規定：「因避免自己或他人生命、身體、自由或財產上急迫之危險所為之行為，不負損害賠償之責。但以避免危險所必要，並未逾越危險所能致之損害程度者為限。」緊急避難性質上是一種因應急迫危險的放任行為，行為人處於眼前刻不容緩的危急下，不免侵害他人的權利以自保或保護第三人，應屬合理且適法的行為，法律因而無從保護受侵害人的權利，所以成立阻卻違法。學理上將緊急避難分為兩種情況，其一為「防禦性的緊急避難」，是將發生急迫危險之物加以毀損，以避免危險，例如：鄰家失火，為防止延燒自宅，故而拆除鄰居的屋簷。其二為「攻擊性的緊急避難」，是因避免急迫危險而損及與危險發生無關的他人利益，例如汽車發生暴衝現象，駕駛為避免衝撞路人，而撞毀他人住家牆壁；或是船難發生後，搶奪他人所有的救生衣，以避免遭到滅頂的命運⓬。這些行為雖然造成他人的損害，但卻是為了拯救自己或他人重大權利之不得已的行為，因此在法律上不具非難性，無須負損害賠償的責任。但應注意的是，緊急避難所保護的權利，限制在生命、

---

❽　王澤鑑，《侵權行為法㈠──基本理論　一般侵權行為》，自刊，2003 年 10 月初版九刷，pp. 265–266。

❾　參照最高法院 64 年臺上字第 2442 號民事判例。

❿　參照最高法院 24 年上字第 4738 號刑事判例。

⓫　參照最高法院 28 年上字第 3115 號刑事判例。

⓬　施啟揚，《民法總則》，三民書局，1984 年 6 月校訂再版，p. 400。

身體、自由或財產四種，所以其他種類的權利，如健康權、名譽權、貞操權等，則不包括在內。如此規定與前述正當防衛得防衛所有權利的情況不同，其用意在於防止過分擴張保護法益，而造成對第三者的損害。

　　緊急避難以避免危險為必要，以足以脫困為限，如果超出脫卻危險的行為，而造成他人損害擴大的結果，自應負損害賠償責任。至於避難行為有無必要，則必須依照危險程度、避難方法、對避難人與第三人所生損害等客觀因素，一併進行評估。避難行為所欲保障的權利，必須與其所造成的損害間，存有相互平衡的關係（法益權衡原則）。所以，避免自己生命之危險，而侵害他人生命法益的行為，可認定是必要的避難行為；但若為防止自身財物損失，而傷害他人身體，則不能認定該行為具有必要性。再者，必要的避難行為，必須是此行為為解除急迫危險唯一的途徑；倘若尚有其他較輕的手段，可以防止危險的發生，如果不加以採用而逕行執行較激烈的方法，則逾越必要的原則。例如：鄰居所飼養的狗侵入庭院搗毀菜園，將狗驅離便可避免財產權的損失，若加以射殺，則非必要；但如果此犬威脅兒童安全時，非將之擊斃無法保護兒童，則殺犬的行為便是合理的緊急避難行為。另外，對於危險的發生，如果避難人須負相當責任時，只要求第三人有忍受損害的義務，並不符合公平的原則；所以在此情況下，避難人必須負賠償的責任（民法第 150 條第二項）。例如：以棍棒戳弄馬戲團獸籠中的獅子，卻遭獅子抓住其手，為求脫困而將獅子擊斃，此時對馬戲團的損失，必須賠償。

4. 自助行為

　　民法第 151 條規定：「為保護自己權利，對於他人之自由或財產施以拘束、押收或毀損者，不負損害賠償之責。但以不及受法院或其他有關機關援助，並非於其時為之，則請求權不得實行或其實行顯有困難者為限。」[13] 這就是所謂的「自助行為」。原則上，以自己的力量保障所享有權利，如果

---

[13]　民法第 151 條為自助行為的一般規定，其他特別規定則散見於民法各章；例如，第 447 條（出租人之留置權）、第 612 條（旅店餐飲店等主人之留置權）、第 797 條（土地所有人越界枝根刈除權）、第 960 條（占有人之防禦權與取回權）等。

在過程中造成社會秩序的危害，法律是不允許的（如承租人在租約到期後拒絕搬家，出租人不可以暴力強制其搬遷）；但若遇急迫狀況，來不及向有公權力的機關求援，為保障請求權的實施起見，法律容許自助行為的適法性。例如：債務人意圖捲款潛逃大陸，債權人強行扣留其護照，使其無法出境。自助行為僅為暫時性的保全措施，目的在防止將來無法行使請求權或行使困難的情形，並非給予自助人直接強制實現權利內容的權利。為避免過度使用自助行為而威脅社會秩序，其保護對象僅限於自己的權利，如果保障的是他人的權利，則不適用自助行為。此要件較前述正當防衛與緊急避難嚴格。所謂「自己權利」，依第 151 條但書的文義推論，應僅指「請求權」而言；由於自助行為的手段，是以拘束、押收或毀損他人的自由或財產為主，因此應以適於強制執行的請求權為限。無論是債權請求權、物權請求權，或身分請求權，只要在性質上非不得強制執行者，均屬之。反之，如果請求權不適於強制執行，例如夫妻同居請求權（民法第 1001 條）或婚約履行請求權（民法第 975 條）等，則非自助行為規定中所稱的自己權利 ⓮。

　　適當的自助行為，必須基於時機急迫，不及受法院或其他有關機關援助之前提。所謂的「有關機關」，解釋上應指類似警察局、機場或港口的警察隊或海巡人員等有權防止逃亡的機關而言；至於一般行政機關或業務機關不包括在內 ⓯。自助行為必定是在時機緊迫的情境下，不立即施行此行為，將使請求權無法實行，或是雖非不能實行，但卻顯然有實行的困難。自助人為自助行為之際，如果造成對方的損害，不須負賠償責任。例如：餐廳老闆為避免吃霸王餐的顧客溜走，進而拉扯對方衣物，造成破損，並不構成侵權行為。然而，自助行為是否有過當的問題，民法並未規定，但自助行為與正當防衛或緊急避難同屬自力救濟的行為，所以解釋上應該類推適用這些規定。自助人雖然可暫時對他人為類似強制執行的行為，但應即時向法院聲請處理（民法第 152 條第一項），畢竟自助行為僅是一種例外

⓮　鄭玉波著，黃宗樂修訂，前揭《民法總則》，p. 447。

⓯　施啟揚，前揭《民法總則》，p. 403。

的救濟途徑，必須儘速的回歸正當的程序。如果自助人的聲請遭到法院的駁回，或是自助人拖延聲請的時間，則必須賠償對方所受的損害（前條第二項）。

5. 無因管理

無因管理之意義，是指管理人未受委託，但不違反本人明示或可得推知的意思，代為處理本人的事務，而本人因此受有利益的情形（民法第172條）。無因管理人原無權利或義務為本人處理事務，所以不應干預他人處理自己的事務，如果任意管理而造成損害，便產生侵權行為的問題。但是，站在社會連動的立場上思考，倘若人人皆有相互合作的美德，必能繁榮社會，增加社會的和諧。縱然在管理的過程中侵害他人的自由權或財產權，但其行為乃基於行善與助人，所以無因管理的行為不可等同於侵權行為，屬於阻卻違法的原因，是法律所應允為適法的行為。例如，醫生在為病患進行膽結石清除手術時，意外發現膽已發生病變，為病人生命安全起見，故一併將膽囊摘除，雖然醫療契約中未約定割除膽囊，但醫生的行為屬於無因管理，所以病患不得控告其侵權。又如，誤收他人罰單，為免其逾期受罰而擅自代為繳納罰鍰的行為，旨在善意代替他人履行義務，不能視為侵權行為 ❶⓰。然而，無因管理之阻卻違法性應有一定限制，所以無因管理成立後，並非絕對不產生侵權行為；如果管理人因故意或過失不法侵害本人之權利，仍然成立侵權行為 ❶⓱。例如：收留走失名犬，雖出於無因管理，不成立侵權行為（侵害財產權），但卻不慎餵食過期飼料，導致名犬發生腎衰竭現象，此即成立侵權行為。

6. 被害人的允諾

侵權行為前，如果得到被害人的認許而免除行為人的責任，則可發生阻卻違法的效果。雖然法律保障個人的權利與利益，不容他人侵害，但如果被害人在意思自由的情況下，自願與行為人達成免除責任的共識，此時法律應尊重當事人的處分其權利的自由，所以允許他人之侵害亦無不可。

⓰　參照最高法院 56 年臺上字第 1815 號民事判例。

⓱　參照最高法院 55 年臺上字第 228 號民事判例。

因此如捐贈器官、骨髓救人；或是借漫畫給朋友，而允許閱畢後直接丟棄，皆應視為被害人允諾的行為，而不生侵權行為的效果。與已成年未婚女性通姦，判例認為，如果通姦行為是在該女子自由承諾下進行，也是阻卻違法，不成立侵權行為 **⑱**。但應注意的是，允諾並非法律行為，因允諾人不須真正認知，僅須認識可能發生的損害，而依自由意識允許他人為加害的行為便已足夠，所以在性質上屬於準法律行為（觀念通知）**⑲**。實務上，準法律行為原則類推適用有關法律行為的規定；所以，有關意思表示的規定，也適用於準法律行為。因此，允諾必不得違反法律的強行規定（民法第 71 條）或公序良俗（民法第 72 條）。例如，醫生得到癌症末期病患的允諾，而為之施行氰化物注射，以達安樂死的目的；此雖為經被害人允諾的行為，但安樂死本身於法不容（刑法第 275 條加工自殺罪），違反法律禁止的規定，不能阻卻違法。又如，參加拳擊比賽屬於允許他人的加害的範圍，具有阻卻違法的性質，但如果以其中一人死亡為決定

圖 3-2　拳擊比賽

勝負的標準，則違反公序良俗，不發生阻卻違法的效力。

　　侵權行為一經被害人允諾，即可免除加害人的損害賠償責任，但被害人仍可在侵權行為發生前撤回允諾。如果在加害行為發生後，方才允諾他人的侵害，則非允諾，而屬於損害賠償請求權的拋棄。另外，民法第 222 條規定：「故意或重大過失之責任，不得預先免除。」其反對解釋為，非故意

---

⑱　參照最高法院 42 年臺上字第 319 號民事判例。

⑲　所謂準法律行為，指非基於表意人的表示行為，而是基於法律規定而發生效果的行為。無論表示人內心是否希望發生一定法律效果，法律均使其發生某種效果。準法律行為依其表示行為（非意思表示）的內容，可分為意思通知（表示人表示一定期望的行為）、觀念通知（表示人表示對一定事實的觀念與認識），與感情表示（表示人表示一定感情的行為）三類。

或重大過失責任，亦即輕過失的責任，得預先免除。此種責任免除的規定，僅在對將來發生之損害賠償請求權的預先免除，並非允許他人不法的侵害，所以與被害人允諾的情形不同❷。有些法律觀念也與允諾類似，如預期損害發生不加避免，卻反而更加靠近或參與活動。例如，明知某地下皮革工廠所排出的廢水，極可能污染附近的飲用水，進而導致癌症的發生，卻仍遷往該地居住。此時，損害的發生雖為被害人所能預見，卻不顧損害的可能仍然趨近危險，此種單純被害的預期，與積極允諾行為人加害的情況不同，因此不發生阻卻違法的結果。其他與允諾類似的觀念尚有所謂的「權利賦予之約定」。例如，租賃契約的簽訂，賦予房客使用、收益租屋的權利。權利賦予的約定應視為具有法律行為的性質，因雙方當事人以意思表示使一方侵害他方的權利（取得他方的權利），是一種法律行為的效果；而允諾僅使原不法行為轉換為適法行為，行為人並非就此取得加害他人的權利❷。兩者雖皆不得主張侵權行為，但在觀念上不可混淆。

並非所有人對加害行為的允諾均具有阻卻違法的效果，而應以允諾時是否有識別能力，作為有效允諾的標準，不應拘泥於民法行為能力的規定❷。所謂「識別能力」，是指認識自己的行為在法律上應負某種責任的能力。「認識」並不以具體了解違反法律強行規定或公序良俗為要件，僅須抽象的知道自己的行為在法律上有非難性便已足夠。所以，是否有允諾的能力，必須以個案事實加以認定，並無法預先以年齡或其他固定的因素定義，一般需要法官依客觀情形加以判斷。例如：小五學生參加足球比賽，遭對方球員踢傷小腿，因自願參與運動或遊戲，是一種默示的允諾，參加者願意承受因此所發生的通常危險，只要該種運動經常在小學舉行，便不能否認小五學生對此運動所可能發生的傷害有認識的知能❷；所以參加比賽應

---

❷　王澤鑑，前揭《侵權行為法㈠──基本理論　一般侵權行為》，p. 274。

❷　孫森焱，前揭《民法債編總論上冊》，p. 213。

❷　王澤鑑，前揭《侵權行為法㈠──基本理論　一般侵權行為》，p. 274。

❷　相關討論參看王澤鑑，〈摔角遊戲之違法性〉，《民法學說與判例研究第一冊》，臺大法學叢書，1988 年 9 月九版，pp. 352–353。

為有效的默示允諾，可以阻卻違法。但如果加害人在競賽中違反規則損害他人時，則不包括在默示允諾的範圍內，加害人必須負責。小學生受傷後送醫急救，醫生診斷需要開刀，此時不可認為小學生對外科手術的性質具有識別能力，所以不得自行允諾，而須得到法定代理人的允許。

(三)須侵害權利

　　侵權行為的客體為權利與利益，本節先討論「權利」的部分，而「利益」的保障為民法第 184 條第一項後段的規範重點，歸於下一節討論的範疇。侵權行為法上有關「權利」的定義，依最高法院判例的解釋，是指「一切私權」而言[24]。因此，此稱之權利，並不包括公法上的權利。所以，無論是選舉、罷免權受到侵害、服公職的權利受到不法的剝奪、國家積欠公務員薪資[25]，或是教授升等受到不當阻礙的情況[26]，均非私權的侵害，無法構成侵權行為。至於因侵害公權而反射的使私權受侵害時，因反射利益為法律所規定，非直接利益，所以不得以侵權行為作為訴訟的理由。侵權行為應以侵害私法上的權利為限，包括財產權的物權、準物權、無體財產權，與債權（有爭議），以及非財產權的人格權與身分權，分述於下：

1. 財產權

(1)物　權

　　所謂物權的侵害，是指對物權人直接支配物之權利的侵害。所以，在物權法上所規範的所有權、用益物權（典權、地上權、永佃權、地益權）、擔保物權（抵押權、質權、留置權）等，皆可成為侵權行為的被害客體。關於物權的侵害，物權法上設有救濟的途徑；民法第 767 條規定：「所有人對於無權占有或侵奪其所有物者，得請求返還之。對於妨害其所有權者，

---

[24]　參照最高法院 39 年臺上字第 987 號民事判例。

[25]　最高法院 40 年臺上字第 1890 號民事判例謂：「民事訴訟制度原為保護私法上權利而設；公務員及公立學校教職員應否支薪並非私權關係，關係此項爭執應向上級行政官署提起訴願，不得依民事訴訟程序向普通法院訴請裁判。」

[26]　最高法院 82 年臺上第 1852 號民事判決謂：「是評審會審議上訴人教授升等資格事項，係屬公權力之行使，不構成民法上之侵權行為。」

得請求除去之。有妨害其所有權之虞者，得請求防止之。」此即所謂的「物上請求權」，目的在保護所有權不受侵犯。物上請求權並不排斥侵權行為的成立，而兩種請求權的內容不同（一為所有物返還請求權，另一則為損害賠償請求權），因此得以並存❷。例如某甲竊取某乙的跑車而遭警察逮捕，某甲除可行使物上請求權要求某乙返還所有物（跑車）外，也可同時依據侵權行為法向某乙請求損害賠償。另外，如果所有物遭到他人擅自出售（無權處分），原則上所有人並不因此而喪失所有權，故無損失可言；但在依物上請求權取回所有物之前，所有人如有因無法使用收益該物而受到損失的情形，則亦可向無權處分之人請求損害賠償。然而，無權處分的行為依法固可因權利人的承認而使處分發生效力（民法第 118 條），但期間若有損害的發生，權利人仍可請求賠償，不可將權利人之承認，看作是含有免除處分人賠償責任的意思表示❷。而在一物二賣時，未受所有權移轉（動產交付或不動產移轉登記）的當事人，自然無所謂的所有權受侵害之賠償請求權的發生。

　　侵害所有權的模式已如上述，關於用益物權的侵害，則是對於占有他人土地之權能的侵害。所以，該等土地使用權的內容遭到侵害時，權利人可依法定之「占有人之物上請求權」（民法第 962 條）請求除去侵害外，也可依侵權行為規定請求損害賠償❷。至於擔保物權的侵害，多發生在擔保物價值減少或擔保物滅失的情況。擔保物權如因擔保物之滅失而消滅，抵押權人或質權人可依民法第 881 條或第 899 條物上代位獲得救濟；擔保物的價值減少時，抵押權人得依民法第 871 條與 872 條規定保全抵押權；在此同時，擔保物權的權利人，亦可直接向造成擔保物毀滅或貶值的加害人請求侵權損害賠償。應注意的是，擔保物價值的減少原因，如果是法律所容許者，則不成立侵權行為。所以正常使用抵押物而使其價值逐漸減少的情形，不能認定為侵害物權的行為❸。

---

❷　參照最高法院 30 年上字第 207 號民事判例。

❷　參照最高法院 23 年上字第 2510 號民事判例。

❷　孫森焱，前揭《民法債編總論上冊》，p. 216。

(2)準物權

準物權是依特別法所成立的物權，例如漁業法第 20 條規定：「漁業權視為物權，除本法規定者外，準用民法關於不動產物權之規定。」其他如礦業權（礦業法第 8 條）、水權（水利法第 15 條）等，也都是準物權的型態。既然這些權利被法律視為不動產物權，所以對於準物權的侵害，準用民法物上請求權的規定，權利人得請求法院除去或防止權利的侵害；但由於準物權的標的並非是實體物，所以不可能有要求返還的情形，因此無「返還請求權」。準物權是私權的一種，也可成為侵權行為的侵害客體；侵害準物權的使用權或收益權的行為，即成立侵權行為。例如，在專用漁業權海域內，漁民作業與船舶航行應本誠信原則行使其權利，如果因故意或過失影響他人海上作業時，有故意或過失的一方，對受損害的他方，須負民法第 184 條的損害賠償責任。又如鄰近農家輪流引水灌溉農田，未輪到者擅自灌溉，此時侵害的客體非「水」本身，而是輪到灌溉者的「水權」。

(3)無體財產權

無體財產權又稱為「智慧財產權」或「智能財產權」，是以人類精神的創造物為標的之權利，雖無外觀形體，但能排除他人侵犯。無體財產權包括著作權、商標權、專利權（後二者又合稱為「工業所有權」）。侵害無體財產權的救濟途徑，特別法訂有相關規定。例如，著作權法第 84 條規定：「著作權人或製版權人對於侵害其權利者，得請求排除之，有侵害之虞者，得請求防止之。」同法第 85 條第一項也規定：「侵害著作人格權者，負損害賠償責任。雖非財產上之損害，被害人亦得請求賠償相當之金額。」對專利權的侵害，規定在專利法第 84 條第一項：「發明專利權受侵害時，專利權人得請求賠償損害，並得請求排除其侵害，有侵害之虞者，得請求防止之。」至於侵害商標權的損害賠償請求權，是以商標法第 61 條第一項為法源基礎：「商標權人對於侵害其商標權者，得請求損害賠償，並得請求排除其侵害；有侵害之虞者，得請求防止之。」

(4)債　權

---

❸⓪　鄭玉波著，陳榮隆修訂，《民法債編總論》，三民書局，2002 年修訂二版，p. 172。

　　侵害債權的型式，可分為債務人的侵害，及第三人的侵害行為。債務人侵害債權的行為，成立債務不履行，被害人得依民法有關給付不能（第226條）、不完全給付（第227條），及給付遲延（第231條）的規定，請求債務人負損害賠償的責任。債務人侵害債權的行為，雖然性質上亦屬於侵權行為，但法律已另外規定救濟途徑，基於法條競合理論，不適用侵權行為，而是單純的債務不履行❸。但如果侵害債權者為第三人，是否成立侵權行為，學說上頗富爭議，大致可分為三說：

A. 肯定說

　　採本說者認為，民法第184條第一項前段所規範的「權利」，泛指一切私權而言。債權與其他私權同樣受到法律保護，不容第三人侵害，且法律並未明文排除債權作為侵害的客體，而由其他條文配合觀之，也無法推論債權非權利的結果。所以不應認債權有別於其他私權，而使侵害債權的行為，無法構成侵權行為。學者邱聰智 ❸、王伯琦 ❸、耿雲卿 ❸等教授持此一看法。目前通說採肯定說 ❸。

B. 否定說

　　採否定說的主要理由，是以債權的性質否定其列為侵權客體的適當性。由於債權屬於相對權，債務人僅能向債權人請求債務不履行之損害賠償，

---

❸　最高法院43年臺上字第752號民事判例謂：「侵權行為，即不法侵害他人權利之行為，屬於所謂違法行為之一種，債務不履行為債務人侵害債權之行為，性質上雖亦屬侵權行為，但法律另有關於債務不履行之規定，故關於侵權行為之規定，於債務不履行不適用之。」類似見解參照最高法院82年臺上字第1221號民事判決。

❸　邱聰智，《新訂民法債編通則（上）》，自刊，2003年1月新訂一版修正二刷，pp. 160–161。

❸　王伯琦，前揭《民法債篇總論》，pp. 72–73。

❸　耿雲卿，《侵權行為之研究》，臺灣商務印書館，1989年11月，p. 4。

❸　最高法院18年上字第2633號判例謂：「債權之行使，通常雖應對特定之債務人為之，但第三人如教唆債務人合謀，使債務之全部或一部陷於不能履行時，則債權人因此所受之損害，得依侵權行為之法則，向該第三人請求賠償。」

而第三人對此並無任何義務可言。再者，債權並不如物權般具有社會的公示性，債權人與債務人間的關係，外人無法清楚得知或知其詳細內容。因此，如果苛求第三人在過失的情況下，依然必須負侵害債權的責任，勢必使得侵權責任無限上綱，不符合社會生活上損害合理分配的原則❸。此外，債的關係牽涉社會經濟活動，如果因過失致侵害給付標的物或債務人本身，造成給付不能或給付遲延時，即令加害人負侵權行為責任，則將嚴重影響社會交易活動與競爭秩序。所以如王澤鑑、黃立等學者主張，基於利益衡量與價值判斷，因故意或過失侵害他人債權的行為，不宜使加害人依第 184 條第一項前段的規定負賠償責任❸。然而，王、黃二師並不完全否定侵害債權的可能性，但認為應僅限於故意以背於善良風俗的侵權行為責任（民法第 184 條第一項後段——利益的侵害），作為侵害債權規範的基礎❸。對此，邱聰智教授有不同的看法；邱教授認為，將債權的侵害依利益侵害的規範處理，應是違法判斷層次的問題，並非債權非權利的依據。所以，債權仍為權利，只是在侵害如涉及營業自由或市場競爭時，為保護交易安全與經濟自由起見，其違法性判斷應該從嚴，其結果恰巧與利益侵害類型之規定相符，但仍不能否定債權為第 184 條第一項後段所稱之權利❸。

C. 折衷說

折衷說原則上採否定說的看法，認為在通常的情形下，第三人的行為不足以構成侵害債權的結果，但如果第三人的行為造成債權的消滅，則不妨礙侵權行為的成立。此說尚可細分為以下三種類型❹：

a. 債權的歸屬受到侵害

例如，某甲拾得某乙的存摺與印鑑，向丙銀行盜領甲之存款 30 萬元得

❸　王澤鑑，前揭《侵權行為法(一)——基本理論　一般侵權行為》，p.198。

❸　王澤鑑，《民法學說與判例研究第五冊》，臺大法學叢書，1988 年 9 月九版，p. 218、p. 209。

❸　王澤鑑，前揭《侵權行為法(一)——基本理論　一般侵權行為》，p. 198；黃立，前揭《民法債編總論》，p. 263。

❸　邱聰智，前揭《新訂民法債編通則（上）》，p. 161。

❹　孫森焱，前揭《民法債編總論上冊》，pp. 216–218。

遲，此時乙是否有權向甲請求侵害債權的損害賠償？依照民法第 310 條第二款規定：「受領人係債權之準占有人者，以債務人不知其非債權人者為限，有清償之效力。」所謂準占有人，指為自己的意思，事實上行使債權，依一般的交易觀念，足使他人認為準占有人為債權人。所以，善意的債務人丙銀行，向持有印鑑與存摺之債權準占有人乙給付金錢，立即產生清償的效力，甲與丙間的債權債務關係消滅 ❹。此時債權的歸屬遭到乙的侵害，真正債權人甲可向乙主張不當得利或侵權行為。

b. 債權標的物受到侵害

指債權標的物受到第三人的侵害而致完全毀滅，例如某甲將其所有的跑車賣與某乙，約定翌日上午交車，但在簽約的當晚，該車遭丙撞毀，無法修復，此時債權人甲能否依侵權債權的損害賠償請求權，要求第三人丙負責，學者間有不同的看法。孫森焱教授以為，就債務人而言，民法第 225 條第一項規定：「因不可歸責於債務人之事由，致給付不能者，債務人免付義務。」所以第三人的行為導致給付不能的情況，債務人無須再負擔給付的義務。債務人免責的結果，造成債權人權利的受損，因而成立侵權行為 ❹。林誠二教授不以為然，而以分析債權人與債務人關係的變化切入，認為債務人在未交付債權標的之前，標的物所有權尚未移轉給債權人，依民法第 373 條規定的反對解釋，標的物的利益及危險依然由債務人承受負擔。標的物完全滅失，債務人因「所有權」（物權）遭第三人侵害，可請求侵權行為的損害賠償；但債權人不負擔標的物滅失的危險，所以與第三人之間不能成立侵權行為。事實上，債權人可依契約法的規定救濟，例如免對待給付義務或主張代償請求權（民法第 266 條第一項、第 225 條第二項），無須向第三人主張侵權行為 ❹。鄭玉波教授的觀點與林誠二教授類似，但其所

---

❹　最高法院 42 年臺上字第 288 號民事判例謂：「財產權不因物之占有而成立者，行使其財產權之人為準占有人，債權乃不因物之占有而成立之財產權之一種，故行使債權人之權利者，即為債權之準占有人，此項準占有人如非真正之債權人而為債務人所不知者，債務人對於其人所為之清償，仍有清償之效力。」

❹　孫森焱，前揭《民法債編總論上冊》，p. 218。

引用的是民法第 266 條規定（因不可歸責於雙方當事人之事由，致一方之給付全部不能者，他方免為對待給付之義務），認定我國民法採用「債務人負擔危險主義」，因而導出與林教授相同的結論。不過，林、鄭二師均認為債權人仍然有「期待權」（指預期取得某種權利的地位，受法律的保護而具有權利的性質）存在；所以，第三人如果能夠預見債權人因無法轉賣標的物而有利益的損害時，仍得成立侵權行為❹。

c. 債務履行受侵害

所謂債務履行的侵害，指的是第三人對債務履行本身予以傷害。例如，債務人為避免財產遭債權人強制執行，所以與第三人通謀虛偽意思表示，將標的物出售予第三人，藉以妨礙債務的履行。孫森焱教授認為，債權人可依民法第 226 條第一項的規定，向債務人請求債務不履行的損害賠償；至於第三人部分，如果其行為出於「故意」，即知悉債權存在及其侵害的事實，教唆或與債務人合謀侵害債權人之債權，則應依民法第 184 條第一項後段的規定，負侵害利益的侵權行為責任，而非侵害「權利」的行為❹。所以依孫教授之見，第三人侵害債權履行的行為，必須出自於詐欺、脅迫，或其他類似的不當方法，否則不成立侵權行為。值得注意的是，債務人的債務不履行責任，與第三人的侵權行為責任，應成立不真正連帶債務（指數個債務人基於不同的發生原因，而偶然產生相同內容的給付，各負全部履行的義務，因一個債務人的完全履行，則全體債務歸於消滅的法律效果）。鄭玉波教授亦有相同的看法，直接認定第三人與債務人通謀妨礙債務履行（如隱匿財產），構成對債權人「利益」的侵害。另外，對債務不履行曾為造意或幫助者，也可成立共同侵權行為（民法第 185 條第二項）。債務人為規避債權人的強制執行，而將財產出買給知情的第三人，導致債務人減少

---

❹　林誠二，《民法債編總論——體系化解說（上）》，瑞興圖書公司，2000 年 9 月初版，p. 260。

❹　林誠二，前揭《民法債編總論——體系化解說（上）》，p. 261；鄭玉波著，陳榮隆修訂，前揭《民法債編總論》，pp. 173–174。

❹　孫森焱，前揭《民法債編總論上冊》，p. 218。

其財產，鄭教授認為此時債權人可依民法第 244 條第二項的規定，請求法院撤銷該「詐害債權」的法律行為；但在此範圍內，債權人不可向第三人主張侵權行為 ❹。

2. 非財產權

(1)人格權

人格權為個人人格的基礎，存在於權利人人格上的權利，包括維護個人人格的完整性與不可侵犯性，尊重個人的尊嚴、稱呼，以及保障個人身體與精神活動等權利在內。侵害人格權的救濟途徑，民法第 18 條有概括的規定，被害人除得向法院請求除去侵害外，尚可在有侵害之虞時，要求防止侵害的發生；此外，在法律有特別規定的前提下，被害人亦可向加害人請求財產上的損害賠償或非財產上的精神慰撫金（第 18 條第二項）。法律特別規定被害人得請求損害賠償（回復原狀或金錢賠償）的條文，以民法第 184 條第一項前段為基本規定，即無論財產上損害、非財產上損害均需具備此條要件，其他尚有第 192 條（生命權）與第 193 條（身體權與健康權）等特別規定；至於精神慰撫金（非財產上的金錢賠償）的請求權基礎，則規範在第 194 條（生命權）與第 195 條（身體、健康、名譽、自由、信用、隱私、貞操，或其他重要人格法益）。另外，民法第 19 條針對姓名權的侵害加以規定：「姓名權受侵害者，得請求法院除去其侵害，並得請求損害賠償。」此所規定的損害賠償請求權，應指非財產損害之精神慰撫金請求權而言。

A. 姓名權

姓名為個人區別的表徵，也代表一個人的標誌，具有專屬性，不容他人侵害，姓名的使用乃典型的人格權。誠如前述，有關姓名權的保護，民法第 19 條有明文的規定。姓名權的保護客體，應作廣義解釋，包括字、號、筆名、藝名、簡稱等，如此才能有效保護個人的權利。同時，第 19 條雖是規定自然人的姓名權，但為保障交易安全起見，姓名權的保護範圍應擴及法人、非法人團體及商號為宜 ❹。至於侵害姓名權的模式，大致可分為三

❹ 鄭玉波著，陳榮隆修訂，前揭《民法債編總論》，p. 174。

類，其一為冒用他人姓名：例如假藉他人名義在報章雜誌發表文章、未經授權使用他人姓名作為廣告之用，或是冒用他人已經註冊之商號，或故意使用類似之商號，為不正之競爭者❹。其二是不當使用他人姓名，足以使主體的名譽產生不當的社會評價：例如將家中的寵物以他人的姓名喚之，或以不當的發音故意唸錯他人姓名等是。其三為妨礙他人使用其自己的姓名：例如強迫他人改名或使用某一姓名。無論何種類型的姓名權侵害，被害人皆可請求法院除去侵害（如登報道歉或禁止使用），並請求精神慰撫金。

B. 生命權

人之所以在法律上得以享受權利並負擔義務，取得權利主體的地位，乃因擁有權利能力之故。權利能力，依民法第 6 條規定，始於出生終於死亡；被害人的生命受到侵害而消滅時，權利能力亦隨之消失，而繫於該當事人的所有請求權，皆無法成立。因此，生命權受到侵害時，民法所規定的損害賠償，並非針對被害人本身加以賠償，而是由依法有特定身分的人，取得此損害賠償債權。根據此理，被害人的繼承人便無從就被害人如果未死亡所應得的利益，向加害人請求損害賠償，因被害人在法律上並沒有損害賠償請求權，也不產生繼承的問題。實務上採此一觀點，最高法院 54 年臺上字第 951 號民事判例謂：「不法侵害他人致死者，其繼承人得否就被害人如尚生存所應得之利益，請求加害人賠償，學者間立說不一。要之，被害人之生命因受侵害而消滅時，其為權利主體之能力即已失去，損害賠償請求權亦無由成立，則為一般通說所同認，參以我民法就不法侵害他人致死者，特於第一百九十二條及第一百九十四條定其請求範圍，尤應解為被害人如尚生存所應得之利益，並非被害人以外之人所得請求賠償。」可資參考。

C. 身體權

身體權指以保持身體完全為內容的權利。傷害他人身體組織自然成立身體權的侵害；但若未完全破壞身體機能，僅是無痛性的傷害，例如剃除

---

❹ 王澤鑑，前揭《侵權行為法㈠——基本理論 一般侵權行為》，p. 137。

❹ 參照最高法院 20 年上字第 2401 號民事判例。

他人的眉毛或剪下鬍鬚；或是不傷及肉體組織的毆打，例如掌摑他人顏面；甚至污辱性的行為，例如面唾他人或潑人糞便，均屬於侵害身體權的情形❹。侵害身體權的行為雖以作為為原則，但有時不作為也可成立侵害行為；例如醫師於施行手術後，未於適當時期換藥，造成病患傷口惡化，此時醫師的不作為也構成侵權行為❺。身體權的保護，也包含身體不受外界具有性意味的侵擾，無論加害人以言詞或身體接觸等不受歡迎的性騷擾行為，同樣屬於身體權的侵害。侵害身體權的救濟方法，適用民法第 193 條，被害人可請求因受傷所減少或喪失勞動能力的損害賠償，或是增加生活上需要的支出；也可依第 195 條的規定，請求精神慰撫金。此外刑法亦有傷害罪之相關規定（刑法第 277 條至第 287 條）。

　　D. 健康權

　　健康權是以身體機能完全為內容的權利。健康權與身體權的概念雖類似卻不盡相同，前者是生理機能的完整，後者則為肉體組織的不受侵害。所以，垃圾焚化廠長期排冒含有戴奧辛的氣體，導致附近居民罹患癌症；或是染整工廠排出有毒染料滲入河川污染水源，造成人民健康的損傷，皆為健康權的侵害。除肉體健康的侵害外，加害人對被害人的精神損害，例如恐嚇他人引起精神衰弱，也可成立健康權的侵害。健康權與身體權雖有不同，但二者皆指身體安全而言，所以時常發生重疊的狀況；例如，將被害人綑綁並要求交付贖金的擄人勒贖的罪行，不但侵

圖 3-3　空氣污染侵害人民的健康權

害身體權，同時也可能因為被害人精神受到虐待，進而產生健康權的受損。又如患有性病的惡狼強姦婦女，其犯行同時構成身體與健康的侵害。侵害健康權的效果與身體權侵害相同，被害人可依民法第 193 條與第 195 條，

❹　孫森焱，前揭《民法債編總論上冊》, pp. 222–223。

❺　鄭玉波著，陳榮隆修訂，前揭《民法債編總論》, pp. 168–169。

尋求法律上的救濟。

E. 名譽權

名譽是一個人的道德、品格及信譽在社會上所得到的評價。俗語說：「名譽是人的第二生命。」好的名譽得來不易，豈能容許他人恣意的破壞，因此侵害名譽權的行為，刑法上可成立「妨害名譽及信用罪」章中之諸罪（刑法第 309 條至第 313 條），民法上則構成侵權行為。侵害名譽權的行為，是指以言語、文字或其他類似的表達方法貶低他人在社會上的評價，造成他人對被害人產生厭惡、懷疑、蔑視或其他負面的觀感。至於不指名道姓而以影射的方法，是否構成侵害他人名譽的行為，應以其內容是否可供確定被指稱者而定。如果僅說政府官員多有貪污現象，或是多位立法委員涉嫌公共工程圍標，此時被害人難以確定，所以不發生名譽權侵害問題；倘若所指稱的範圍較小，一般人容易聯想或有合理認定所指何人時，例如誣指在某時段主持綜藝節目之女藝人與有婦之夫有染，而該時段所有電視臺僅有一名女性主持人，則該女性自得向行為人主張侵害名譽權的救濟。

民事上侵害名譽的行為與刑法的誹謗罪不同，不以廣佈社會周知為必要（意圖散佈於眾），僅需第三人知悉即可成立。另外，對於名譽權的侵害，刑法上僅就故意的行為加以處罰，而於民法侵權行為，無論故意或過失都須負賠償責任。所以故意當眾誣指他人收受賄絡，或是污蔑某教師誤人子弟，必須負起民事上的責任；但若誤指他人為強盜而報警逮捕，或是誤認他人性騷擾而開記者會指摘，此等行為雖出於過失，仍須負損害賠償之責❺❶。至於名譽權的主體，並非限於自然人，應認定法人亦得享有，因名譽權並非專屬於自然人。所以法人名譽遭到侵害時，法人也有權請求法律上的救濟。值得注意的是，自然人名譽權受到侵害時，得依民法第 18 條第一項的規定請求除去損害，或防止損害的發生，同時亦得依民法第 195 條請求精神慰撫金，以及請求法院為回復名譽的適當處分（第 195 條第一項後段）；但法人名譽權受到侵害時，因無精神之痛苦可言，故僅能請求以登報道歉等方式回復名譽，被害人並無精神慰撫金的請求權❺❷。

---

❺❶　參照最高法院 90 年臺上字第 646 號民事判例。

　　民法雖然規定侵害名譽權的救濟方法，但仍有阻卻違法的免責事由，使行為人無須負賠償責任。這些免責事由具體規範在刑法第310條第三項及第311條，包括1.所指稱者為事實且無關私德與公益；2.善意發表言論而有下列情形之一者：⑴因自衛、自辯或保護合法之利益者；⑵公務員因職務而報告者；⑶對於可受公評之事，而為適當之評論者；⑷對於中央及地方之會議或法院或公眾集會之記事，而為適當之載述者。因此，法院在審理侵害名譽權的相關案件時，應參考刑法的規定，依個案所牽涉的利害關係加以權衡認定。實務上也不乏對侵害名譽權的範圍有所限制的裁判，例如對於訴訟上有關事實之陳述，最高法院認為：訴訟中的當事人對其所主張之事實，均可舉證說服法院其言屬實，但真偽則由承審法官依自由心證加以判斷，決定如何取捨；若屬虛偽的陳述，法院必定捨棄不採，所以在法院以確定判決認定事實之前，不可能造成對造當事人名譽受侵的情形。由此觀之，法院認定訴訟上對事實的陳述，不包括在名譽權所保護的範圍❸。

　　F. 自由權

　　法國大革命期間，羅蘭夫人說過：「生命誠可貴，愛情價更高，若為自由故，兩者皆可拋。」一語道出自由的可貴。自由為憲法保障的基本人權（第8條、第10條以下，包括人身自由、居住遷徙自由、言論自由、學術自由，及秘密通訊自由等），神聖而不可侵犯。侵害他人的自由，刑法上可成立「妨害自由罪」章各罪（刑法第296條至第307條），而在民事上則可依民法第195條第一項規定，取得精神慰撫金的請求權。自由並非不得限制，但限制的行為需以「不背於公共秩序或善良風俗者為限」（民法第17條第二項）。所謂的「自由權」，是以「不受不法干預」為權利之標的。自由權的侵害，解釋上應包括身體自由與精神自由皆不受他人妨礙或干預的權利。身體自由指身體動作的自由，其侵害的方法，包括監禁他人於一定的處所（如將他人反鎖屋內、奪去入浴婦女衣物使其無法行動，或拒絕乘客下車的要求

❺❷　參照最高法院62年臺上字第2806號民事判例。

❺❸　參照最高法院69年臺上字第1400號民事判決。

等）、禁止他人前往一定地域（如設立路障妨礙他人通行）、強迫他人為無義務之事（如強迫他人陪同共遊，或將考卷答案出示）等。身體自由的侵害不以故意為必要，過失行為也須負責；所以，大樓管理員未盡責任清查辦公大樓儲藏室是否仍有人員，竟將之上鎖而使人無法離開，應成立自由權的侵害。又自由權的侵害，亦不以被害人知悉侵害為必要；所以，將熟睡中之人反鎖屋內，或將精神病患囚禁狗籠，仍然構成侵權行為❺❹。

精神自由則指精神活動的自由而言。將精神自由納入自由權的保障範圍，乃擴張解釋的結果，其目的在強化對人格權的保護，使被害人就其精神上的損害請求慰撫金。最高法院 81 年臺上字第 2462 號民事裁判中，明白指出：「所謂侵害他人之自由，並不以剝奪他人之行動或限制其行動自由為限，即以強暴、脅迫之方法，影響他人之意思決定，或對其身心加以威脅，使生危害，亦包括在內。」侵害精神自由的方法以詐欺或脅迫為典型；因詐欺或脅迫所為之意思表示，屬意思表示不自由的狀態，除可依民法第 92 條撤銷意思表示外，被害人如因此受有損害，也可依侵權行為之規定，向詐欺、脅迫的行為人請求損害賠償。所以，影響他人意思決定的行為，例如妨害信教自由、投票自由、言論自由等，皆可成立自由權的侵害❺❺。

G. 信用權

信用權可視為名譽權的一種❺❻，但其所包含的意義，在強調一個人（自然人或法人）在經濟社會上的評價，所以又稱為經濟上的名譽權。信用權是以經濟活動上的可信賴度與付款能力為內容的權利，雖然有時與名譽權產生混淆，但若依實際狀況分析，如果被害人的經濟評價顯然因加害人的

❺❹ 王澤鑑，前揭《侵權行為法(一)——基本理論　一般侵權行為》，p. 134。

❺❺ 孫森焱，前揭《民法債編總論上冊》，p. 224。但王澤鑑教授採不同看法，認為過分擴大自由的概念及於此等「意思決定自由」，使侵害他人自由成為一個概括條款，其保護範疇難以認定，故有商榷的餘地。同時，民法第 195 條第一項所例示之人格權是指一般人格權而言，「意思決定自由」可納入其他人格權，以為較具適當的保護。參見王澤鑑，前揭《侵權行為法(一)——基本理論　一般侵權行為》，pp. 135–136。

❺❻ 參照最高法院 42 年臺上字第 1324 號判決。

行為而貶低時，則應成立信用權的侵害；反之，如果僅是單純名譽的受損，則依侵害名譽權處理；例如，某投信公司正常管理旗下基金中，遭受他人誣指為其母公司股票護航，導致投資人瘋狂贖回，此際，該投信公司的名譽固已受損，但經濟上的損失更大，所以成立信用權的侵害。值得注意的是，妨害信用權並不必然與名譽權的侵害同時發生，信用權有獨立存在的價值；例如，散佈某船業公司的漁船在南亞海嘯中全數沉沒的假消息，對該公司未必存有名譽權的侵害，但其經濟上的信用大受貶損，因而不妨礙其向行為人請求侵害信用權的損害賠償之權。

侵害信用權的行為不以故意為限，過失的行為，例如未經查證而散佈損害他人信用的言論，亦包括在內。保護信用權的救濟途徑，與上述其他人格法益相同，得請求精神慰撫金；但是對法人而言，因無精神痛苦可言，所以不得請求慰撫金（與法人名譽權受侵害時同理）。至於是否可請求法院為回復信用之適當處分，法律並無明文，然信用權之性質與名譽權類似，基於「相類似之案件，應為相同之處理」的平等原則理念，有關信用權侵害的案件，應可類推適用民法第 195 條第一項後段的規定，請求法院為適當之處分。

H. 隱私權

隱私權所欲保護的法益，是以規避個人私生活的公開為內容，此內容亦包括控制自身資訊的權利。所以利用各種方式（例如錄音、錄影、窺視、開拆信件、偷看日記等）窺探或揭露他人日常生活的行為，均構成隱私權的侵害。隱私權是現代人極為重視的權利，雖然憲法並未明文將之列為基本權利，但依據大法官會議第 293 號解釋，銀行從事法律規定之業務時，對客戶的資料，必須保守秘密，不得任意公開，以維護人民之隱私權；此即肯定隱私權為憲法保障的基本權利，屬於憲法第 22 條所稱的「人民之其他自由及權利」。因此，隱私權並非絕對不可限制，依據憲法第 23 條的規定「為防止妨礙他人自由、避免緊急危難、維持社會秩序，或增進公共利益所必要」可以訂定法律限制其範圍。例如，銀行法第 48 條第二項規定：「銀行對於顧客之存款、放款或匯款等有關資料，除其他法律或中央主管

機關另有規定者外，應保守秘密。」銀行雖有保密義務，但法律授權立法機關或行政機關得制定相關法令，限制隱私權的保護。又如所得稅法第 119 條第一項規定：「稽徵機關人員對於納稅義務人之所得額、納稅額及其證明關係文據以及其他方面之陳述與文件，除對有關人員及機構外，應絕對保守秘密。」稽徵機關人員也應有保守業務上機密的義務，但卻不適用在對有關人員與機構提出資料，所以保密義務並非絕對，人民的隱私權也因而受到限制。

　　隱私權的侵害，在刑法上，加害人的行為可能成立「妨害秘密罪」章中的各種犯罪型態，如妨害書信秘密罪（刑法第 315 條）、窺視竊聽竊錄罪（刑法第 315 條之 1 至之 3）、洩漏因業務得知他人秘密罪（刑法第 316 條）、洩漏業務或公務上知悉之工商秘密罪（刑法第 317、318 條），以及洩漏電腦秘密罪（刑法第 318 條之 1）等罪；在民法上被害人得依第 195 條第一項請求慰撫金。另外，依據電腦處理個人資料保護法的規定，公務機關無故洩漏其所保管之電腦處理的個人資料（包括自然人之姓名、出生年月日、身分證統一編號、特徵、指紋、婚姻、家庭、教育、職業、健康、病歷、財務情況、社會活動，及其他足資識別該個人之資料。電腦處理個人資料保護法第 3 條第一款），造成當事人權利受損時，應負損害賠償責任，且此責任採無過失責任主義，所以只要損害（不包括天災、事變或其他不可抗力所造成的損害）發生，不論公務機關有無故意過失，均需負責。被害人雖非財產上之損害，亦得請求賠償相當之金額；對於其名譽的損害，也可以請求法院為回復名譽之適當處分（電腦處理個人資料保護法第 27 條第一、二項）。對於非公務機關的侵害，依同法第 28 條的規定：「非公務機關違反本法規定，致當事人權益受損害者，應負損害賠償責任。但能證明其無故意或過失者，不在此限。」對加害人的賠償責任，採用中間責任主義。

　I. 貞操權

　　所謂貞操權，即為個人的性自主權利，侵害行為常伴隨著自由權與身體權的侵害。貞操權並非僅有女性才能享有，男性同樣擁有此重要的人格權。侵害貞操權的型態，最為常見者為強制性交的行為。刑法對「性交」

的定義，規定在第 10 條第五項：「稱性交者，謂非基於正當目的所為之下列性侵入行為：一、以性器進入他人之性器、肛門或口腔，或使之接合之行為。二、以性器以外之其他身體部位或器物進入他人之性器、肛門，或使之接合之行為。」此定義甚為廣泛，與一般對性交的認知有所差異。對於男女以強暴、脅迫、恐嚇、催眠術或其他違反其意願之方法而為上述之性行為，成立「強制性交罪」（刑法第 221 條）。另外，強制性交罪設有加重刑責的規定，包括二人以上共同犯罪、對象為十四歲以下之男女、對精神、身體障礙或其他心智缺陷之人、以藥劑犯之、對被害人施以凌虐、利用駕駛供公眾或不特定人運輸之交通工具之機會犯此罪、侵入住宅或有人居住之建築物、船艦或隱匿其內犯之，或是作案時攜帶兇器（刑法第 222 條）。

　　貞操權的侵害並不以當事人知悉為前提，利用男女之精神、身體障礙、心智缺陷或其他相類之情形，不能或不知抗拒而為性交（刑法第 225 條），或是以詐術使男女誤信為自己配偶，而聽從其為性交者（刑法第 229 條），也構成侵害貞操權。利用權勢機會為性交的加害人，如對因親屬、監護、教養、教育、訓練、救濟、醫療、公務、業務或其他相類關係受自己監督、扶助、照護之人為性交，行為人也應負損害貞操權的損害賠償責任，但以被害人無選擇餘地，不得不服從的狀況才構成 ❺❼。貞操權所保護的法益雖為自由從事性行為的權利，但為保護年幼者起見，現行法律並不承認未滿十六歲之人，具有同意性交的權利。所以，未滿十六歲之男女對性交行為的允諾，不生任何效力，無法阻卻違法，行為人仍需負侵權責任；反之，滿十六歲之未成年人，在有辨別能力的前提下，可以單獨允諾性交，不需法定代理人的同意。「性」在夫妻正常生活上雖甚為重要，拒絕與配偶行房，有可能造成對方精神上的虐待，而依民法第 1052 條第一項第三款「不堪同居之虐待」，或是第二項的「難以維持婚姻之重大事由」訴請裁判離婚；但不可強迫配偶與之性交，否則也同樣侵害配偶的貞操權（刑法第 229 條之 1 前段）。

　　J. 肖像權

---

❺❼　參照最高法院 33 年上字第 262 號刑事判例。

　　肖像權的保護並未明文規定在民法條文之中，一般認為包括在第 195
條第一項所謂的「其他重要人格法益」的範圍內。肖像權是以自己肖像的
利益為內容的權利，乃個人對其肖像是否公開的自主權利。未經他人同意，
就其肖像為攝影、寫生、非以幽默為目的之漫畫陳列、複製，或以肖像為
營業廣告之用，均構成對肖像權的侵害❸。所以，為保護自己的肖像不被
拍攝，進而以手推開攝影機的行為，應屬正當防衛而可阻卻違法。然而為
求社會知的權利，或是社會相互容忍的必要，在某些特定情況下，肖像權
是有所限制的；例如，拍攝公眾人物、或攝入鏡頭僅為點綴畫面、參加社
會活動的照片，或是關於時事的諷刺性漫畫的人物描繪，在未經當事人同
意下，也不發生肖像權侵害的問題。

　　肖像權與著作權時而發生衝突，應如何保障權利人的利益，或判斷何
種權利優先，不無問題。常見的衝突狀況是拍攝照片者使用該作品時，如
果未徵得被拍攝者的同意，當事人是否可以主張肖像權的侵害。依著作權
法第 10 條規定：「著作人於著作完成時享有著作權。」而同法第 3 條第一項
第二款規定「著作人：指創作著作之人。」換言之，拍攝者於拍攝完成時，
即取得該攝影著作之著作權，著作權人毋庸向主管機關申請註冊（創作主
義）。拍攝者既享有該攝影著作之著作權，其當然得以公開發表（著作人格
權）以及重製、公開展示（著作財產權）該項著作❹。因此，拍攝者享有
該攝影著作之著作人格權，而被拍攝者則享有該攝影著作之肖像權。究竟
應該優先保護何者，學者認為，不應認為肖像權僅具有人格利益的內涵，
而應認肖像權本身也具有一定的經濟利益。並且，不應認為著作權法對於
創作人給予特別的保護，而忽視與犧牲肖像權人的權利❻。所以，肖像權

---

❸　王澤鑑，前揭《侵權行為法㈠──基本理論　一般侵權行為》，p. 156。

❹　著作權是著作權法所賦予著作人的權利，分為著作人格權與著作財產權。理論
　　上，著作人格權隨著作人的死亡或消滅而屆滿，但著作人死亡或消滅後，關於
　　其著作人格權之保護，仍視同生存或存續，任何人不得侵害。著作財產權則有
　　一定期間之限制，視不同情形為著作人終身加五十年，或自著作公開發表後起
　　算五十年。參照著作權法第 15 條至第 35 條。

❻　謝銘洋，〈論人格權之經濟利益〉，《智慧財產權基本問題研究》，翰蘆出版社，

的保護應優於著作人格權，著作權人應尊重肖像權人的權利，在得到其同意之下，才能行使著作權。

　　公眾人物由於可受公評，所以能夠主張肖像權的空間較小，但著作財產權卻不得不注意。未經同意而利用公眾人物公開場合活動的相片，該公眾人物不易主張肖像權，但著作財產權人卻可以主張著作財產權。例如利用元首公開活動應不需獲得其同意，但卻必須得到攝影者或著作財產權人的同意。所以，即使是公眾人物自己要使用他人所拍攝自己的照片，若未經攝影者的同意，也可能構成侵害攝影者的著作財產權。至於公眾人物非公開活動之相片，主張肖像權的空間則較大；著作財產權人雖可利用自己所拍攝的相片，若未經公眾人物之同意，任意利用自己所拍攝的該公眾人物非公開活動之相片，仍可能構成侵害該公眾人物的肖像權。例如攝影社在未經同意之下，將公眾人物到店裡所拍照片作為廣告宣傳之用，如果該使用照片的情形造成此公眾人物的傷害，即使並無財產上的損失，也可依民法第 195 條第一項規定，向攝影社請求精神慰撫金。

　(2)身分權

　　所謂「身分權」，指的是基於特定身分所發生的權利，主要的權利有親權、配偶權，以及繼承權（民法設有專編，故不在此論述）。侵害身分權，應依民法第 184 條第一項的規定，負侵權行為的損害賠償責任。另外，不法侵害身分法益而情節重大的情形，被害人可依民法第 195 條第三項，準用侵害人格權的規定，向加害人請求精神慰撫金。

　　A. 親　權

　　民法第 1084 條第二項規定：「父母對於未成年之子女，有保護及教養之權利義務。」同時，父母在必要範圍內對子女有懲戒權（民法第 1085 條），而父母也是未成年子女的法定代理

圖 3-4　　肖像權是一重要人格法益

1999 年 7 月初版, p. 49。

人（民法第 1086 條）；至於未成年的特有財產（因繼承、贈與或其他無償取得之財產。民法第 1087 條），由父母共同管理，並有使用、收益之權，但處分必須是為子女的利益為目的（民法第 1088 條）。這些條文都是關於親權的規範，因此，損害上述有關父母對未成年子女的權利，即構成親權的侵害。例如，誘拐他人子女脫離家庭，便是侵害該子女之父母的親權。婦產科醫院所僱用的看護有過失，導致襁褓中的嬰兒遭人抱走，也同樣是對嬰兒父母之親權的侵害❻❶。父母親異離，經雙方合意由父親單獨監護其未成年子女，母親於探視子女後，堅持不將子女交還父親，此乃侵害父親的親權。未成年子女遭人誘姦，加害人侵害被害人父母的教養保護的權利，也就是「監督權」，亦構成親權的侵害。以上各種狀況，父母除得以要求實質損害的賠償外，更可同時主張慰撫金的給付。

B. 配偶權

配偶因婚姻契約的締結，因而互負忠誠的義務，任一方與人通姦，應構成對他方配偶權的侵害。我國現行民法不承認「夫權」或「妻權」的存在，依最高法院 41 年臺上字第 278 號民事判例：「民法親屬編施行前之所謂夫權，已為現行法所不採，故與有夫之婦通姦者，除應負刑事責任外，固無所謂侵害他人之夫權。惟社會一般觀念，如明知為有夫之婦而與之通姦，不得謂非有以違背善良風俗之方法，加損害於他人之故意，苟其夫確因此受有財產上或非財產上之損害，依民法第一百八十四條第一項後段，自仍得請求賠償。」所以，夫或妻應可依侵權行為法向相姦者請求財產上的損害賠償。該判例也賦予無過失的配偶依第 184 條第一項後段，請求非財產上損害賠償的權利，似乎是將此規定視為第 18 條所謂的慰撫金請求權的特別規定，如此將過度擴大「損害利益」之侵權形態的請求權範圍，甚為不妥；然而，這是民法修正前的判例，現行民法已明定侵害身分法益的請求權基礎，不需擴張解釋第 184 條第一項後段，而應適用現行規定加以請求方屬妥適。

有關夫妻間配偶權的詮釋，最高法院 55 年臺上字第 2053 號民事判例

---

❻❶　參照最高法院 85 年臺上字第 2957 號民事判決。

有具體的說明：「通姦之足以破壞夫妻間之共同生活而非法之所許，此從公序良俗之觀點可得斷言，不問所侵害係何權利，對於配偶之他方應構成共同侵權行為。婚姻係以夫妻之共同生活為其目的，配偶應互相協力保持其共同生活之圓滿安全及幸福，而夫妻互守誠實，係為確保其共同生活之圓滿安全及幸福之必要條件，故應解為配偶因婚姻契約而互負誠實之義務，配偶之一方行為不誠實，破壞共同生活之圓滿安全及幸福者，即為違反因婚姻契約之義務而侵害他方之權利。」最高法院以婚姻契約關係解釋夫妻所應有之權利與義務，侵害他方因配偶關係所生之權利，自然非法律所允許。通姦之配偶與其相姦者，構成民法第185條的共同侵權行為，應對無過失的配偶須負連帶的賠償責任。

　　至於如何程度的「通姦」才能認定是配偶權的侵害，實務上往往要求確切的通姦證據，摟抱親吻的行為，雖在社會道德上或有錯誤，但畢竟與通姦無法畫上等號，所以難以認定屬於侵害配偶身分法益而情節重大之行為。應注意的是，通姦行為與刑法第10條所解釋的「性交」不同，例如「口交」屬於性交的一種類型，因此與配偶以外之女子進行口交，是否成立通姦？高等法院91年一、二審法院法律座談會中與會學者、法官討論後，決議認為不構成，因刑法的通姦罪，是指男女合意發生「姦淫」行為，姦淫指的是「男女交媾」，口交只是屬於姦淫以外足以興奮或滿足性慾的色情行為，因此不構成通姦。而以立法角度觀之，刑法於民國88年修正時，通姦或相姦並未與刑法第10條的「性交」定義同時修正，基於刑法不作擴張解釋，以免動輒入人於罪的原則，因此認為單純口交，不應依妨害家庭的通姦或相姦罪處罰。

(四)須有損害的發生

　　侵權行為法所規範的民事賠償責任，其目的在於填補被害人的損害；因此，雖有不法的加害行為，但卻未實際發生損害的情況下，被害人即無從向行為人請求損害賠償[62]。所以，行為人雖著手實施侵權行為，但因主

---

[62]　參照最高法院19年上字第363號民事判例略謂：「關於侵權行為賠償損害之請求權，以受有實際損害為成立要件，絕無損害亦即無賠償之可言。」

客觀因素的影響而未達到目的時，也不生任何賠償問題，此與刑法處罰未遂犯的規定並不相同。另外，英美法中有所謂的名義上的損害 (nominal damages) 的機制，也就是在原告無任何實質損失的狀況下，實施侵權行為的被告依然必須支付相當金額的賠償金（有時僅為象徵性的金額），藉以懲罰被告從事的不被允許的行為，同時承認原告權利的存在。我國並無類似的規範，所以欠缺實際上的損害，侵權行為便不發生。

　　損害可依是否造成財產的滅失，區分為財產上的損害與非財產上的損害；前者指損害的程度可以金錢加以衡量，例如修繕費用、醫療費用、殯葬費用、扶養費用，或是所有物價值減損等，均與財產的損失有關。財產上損害的評估方式，大多是以損害前後的財產差額為請求的標準，如被害人的財產有所減少（積極損害，稱為所受損害），或應得利益而未取得（消極損害，稱為所失利益）時，即有損害的產生❻❸。財產上的損害，被害人可依民法第 213 條的規定，請求行為人回復原狀，或是為金錢的賠償。後者則是無法以金錢計算的損害，也就是所謂的精神上的損害，一般發生在人格權與身分權受到侵害的情況，但有時財產上的損害也可能伴隨著精神上的損害，例如故意將穢物傾倒在他人的衣褲上，被害人除有財產上的損害（污損衣褲）外，精神上也受到侮辱，所以被害人受有財產上與非財產上的損害。單純非財產上的損害，被害人可依民法第 18 條的規定，在法律有特別規定之下，請求精神慰撫金。然因無法如財產上損失般以差額計算損害的金額，所以賠償範圍必須由法院依具體的事實斟酌定之，例如名譽權受侵害的案件，法院通常會以實際加害情形與名譽影響是否重大，及被害人的身分地位與加害人經濟狀況等關係，酌定賠償金額的大小❻❹。

❻❸　最高法院 48 年臺上字第 1934 號判例謂：「民法第二百十六條第一項所謂所受損害，即現存財產因損害事實之發生而被減少，屬於積極的損害。所謂所失利益，即新財產之取得，因損害事實之發生而受妨害，屬於消極的損害。本件被上訴人以上訴人承攬之工程違約未予完成，應另行標建，須多支付如其聲明之酬金，並非謂房屋如已完成可獲轉售之預期利益，因上訴人違約而受損失，是其請求賠償者，顯屬一種積極損害，而非消極損害。」

❻❹　參照最高法院 47 年臺上字第 1221 號民事判例。

　　損害賠償的金額，無論是以損害前後的財產差額計算，或是由法院依實際情形訂定，均可確定賠償的數額，但是如果損害已發生，損害範圍卻無法確定，或是損害是否發生仍是未知，則被害人能否請求損害賠償，不無問題。分成以下情況說明：

　　1.損害雖已經發生，但被害人不能證明損害數額，或是證明顯然有重大困難時，依據民事訴訟法第 222 條第二項的規定，法院應審酌一切情況，依所得心證定其數額。例如，骨董的價值難以評估，損害骨董的賠償數額，必須仰賴法院依損害的客觀事實作出心證，但並非絕對無法確定。

　　2.被害人受有身體上的損害，而可預見將來有必要持續醫療，或造成勞動能力的減損或喪失，雖受傷當時不確定損害數額，但行為人仍然負有損害賠償的責任。民法第 193 條第一項規定：「不法侵害他人之身體或健康者，對於被害人因此喪失或減少勞動能力或增加生活上之需要時，應負損害賠償責任。」即是為規範此一狀況而定。條文中所謂的增加生活所需，包括被害人現時或將來所需付出的所有醫療費用。醫療如有持續性，法院得因當事人之聲請，將醫療費用定為支付定期金（同法第二項）。例如，未成年之被害人遭加害人撞斷右腿，需裝置義肢，但因隨年齡增長而須定期更換義肢，此費用是維持健康的必要支出，加害人仍需負賠償責任。

　　3.精神慰撫金的目的在於補償被害人心理上的損害，但如果被害人是無感受能力的幼兒，或是意識能力不健全的精神病患，對損害毫無所知或受其影響，則應無請求精神慰撫金的餘地。然而將來幼兒逐漸成長，或精神病患逐漸康復的過程中，可預期發生精神上的痛苦，此時仍應肯定其擁有精神慰撫金的請求權。例如，性侵精神病患，加害人除財產上的賠償外，也應認有賠償慰撫金的義務。同理，加害人也不得以被害人為胎兒或年幼，作為不予賠償或減低賠償慰撫金的理由❻❺。

---

　❻❺　最高法院 66 年臺上字第 2759 號民事判例謂：「不法侵害他人致死者，被害人之子女得請求賠償相當數額之慰撫金，又胎兒以將來非死產者為限，關於其個人利益之保護，視為既已出生，民法第一百九十四條、第七條定有明文，慰撫金之數額如何始為相當，應酌量一切情形定之，但不得以子女為胎兒或年幼為

4.抵押物的價值減少，債權人的損害並不一定會發生，如果抵押物的膡餘價值仍足以清償債務時，則無損害可言；就算抵押物的膡餘價值低於債權，但如果清償期尚未屆至，則難以斷定債權人必然有損害的發生，因債務人有可能直接清償債務，使債權人對擔保物的抵押權消滅，便不至於產生債權人的損害。反之，債權人也有可能在清償期屆至而不受清償，但因抵押物價值降低，導致聲請法院拍賣抵押物的所得，無法滿足債權，此時即發生損害。所以，債權未受清償前，損失是否發生，無法確定。此時債權人得否請求債務人賠償抵押物價值減少的損害？我國實務上並無類似判例可供參考，學者鄭玉波教授與孫森焱教授參照鄰國日本的學說與判例，均認為損害雖必須等待抵押權實行後才能確定，但如果該損害能夠預先計算，解釋上應認債權人得以此為損害，而清償期前請求賠償**⑥⑥**。例如，被擔保的債權為 50,000 元，抵押物為 100,000 元，抵押物遭火災致其價值減少為 10,000 元，此時被擔保債權減少 40,000 元的擔保，此際債權人應可在此減少的範圍內請求損害賠償。

㈤加害行為與損害間有因果關係

確定侵權行為責任最重要的前提，必須確認行為人是否需要對被害人之損害結果負責，以及責任的範圍究竟到達何種程度；也就是加害行為與被害人的損害間，是否存在所謂的「因果關係」。因果關係不但決定損害賠償義務的發生，同時也具有適當限制賠償範圍的功能。然而，造成侵權行為的原因，時常是複雜且多元的；例如，甲所駕駛的車在高速公路上遭到飛石撞擊，導致前擋風玻璃破裂，而造成損害的原因，可能是前方砂石車未將帆布覆蓋在所載砂石之上，以致砂石震落；也可能是高速公路施工品質有問題，造成路面產生坑洞，砂石車行經此地受到劇烈震動而使砂石飛出車斗；但也可能是因強烈地震造成砂石散落的結果。因此，如何在眾多原因中尋找出應受法律譴責的行為人，並確定該行為人所應負責的賠償範

不予賠償或減低賠償之依據。」

⑥⑥ 鄭玉波著，陳榮隆修訂，前揭《民法債編總論》，pp. 176–177，及孫森焱，前揭《民法債編總論上冊》，pp. 231–232。

圍，便必須仰賴明確的評斷因果關係的準則。關於因果關係的理論，大致有三種學說：

1. 條件說

條件說又稱為等價說，所有造成結果的條件皆為侵權行為的原因，而所有原因皆視為等價，均為造成結果發生的因果關係。例如，前述某甲之車遭砂石撞擊之例，如依條件說，則砂石車的駕駛及其雇主，與高速公路工程局均應為某甲的損失負責；若某甲因此輕微受損延遲 10 分鐘再上路，卻因此遭遇連環車禍而喪生，依條件說理論，如非因車輛受損，則甲必不會在連環車禍發生的時間點通過該路段，也就不致發生甲死亡的結果；因此，砂石車的駕駛、其雇主與高速公路工程局亦應為此損害負賠償責任。由此觀之，此說的範圍過於廣泛，近乎無限制的狀態，對損害賠償的界線也無法適當的設定，所以此說不受學術界與實務界的青睞❻。

2. 原因說

在眾多條件中選擇一條件為損害發生的原因，其餘皆為條件，僅有受到選擇的原因與損害間有因果關係。然而，究竟應以何種標準在所有條件中進行挑選，學說上甚為分歧而莫衷一是。有主張所謂「均衡破壞說」，也就是破壞積極條件及消極條件間的均衡者，即與損害間發生因果關係；例如，車輛之行駛為積極條件，交通號誌為消極條件，交通號誌損壞導致積極與消極條件間之均衡遭破壞而發生車禍，因此號誌故障與車禍損害間有因果關係。也有學者主張「最後條件說」，也就是以造成結果的最後條件為原因；例如，甲將裝有爆裂物的禮盒贈送給乙，試圖置乙於死地，但乙並未拆開禮物，卻將之轉送給丙，丙拆開禮物立即引爆爆裂物而炸斷右手手掌，此時乙的行為是造成丙受傷的最後條件，因此乙須負賠償責任。另外也有所謂的「最有力條件說」，造成侵權行為的原因應以對於結果的發生最具影響力的條件為判斷標準；例如，某甲所駕駛的小貨車四輪的胎面均已磨平，但仍搭載某丙行駛於高速公路，途中遭乙所駕之自小客車輕微擦撞，卻造成煞車失靈翻落邊坡，某丙身受重傷，則甲之小貨車上的瑕疵，是引

---

❻　姚志明，《侵權行為法研究㈠》，元照出版公司，2000 年 10 月初版二刷，p. 142。

發並受傷的最有力原因，所以甲必須負責❻。除上述各種理論外，更有「直接條件說」、「異常條件說」、「動力條件說」等學說，但每一種說法均無法作為單一的標準，令人有無所適從的徬徨。

3. 相當因果關係說

目前學術界與實務界皆以「相當因果關係說」為通說❻。相當因果關係的定義為何，相關的判例與判決有不盡相同的文字敘述，但基本上都是以損害與行為間是否存在「條件關係」及「相當性」為判斷侵權行為成立與否的準則。以下就法院見解與學者理論簡單分析：

⑴最高法院23年上字第107號民事判例略謂：「甲之行為與乙之死亡間，縱有如無甲之行為，乙即不致死亡之關係，而此種行為，按諸一般情形，不適於發生該項結果者，即無相當因果關係，自不得謂乙係被甲侵害致死。」所謂「縱有如無甲之行為，乙即不致死亡之關係」屬於「條件關係」；而「此種行為，按諸一般情形，不適於發生該項結果者」則為「相當性」。所以，縱有條件關係，卻不一定有相當性，兩者中缺一則不能構成侵權行為。最高法院33年上字第769號判例也有相同的看法；本案上訴人（原審被告）將其與某甲共同販賣的炸藥寄放在某乙開設的洗染店樓上，因該洗染店屋內設置的電線走火引燃該炸藥，導致住宿在該店的被上訴人（原審原告）胞兄某丙被炸死，法院認為「上訴人寄放之炸藥，係因走電引燃，以致爆炸，上訴人於走電引燃，原審既未認定其有何過失，對於某丙之被炸身死即無何等責任，縱令上訴人如無寄放炸藥之行為，某丙不致被炸身死，然寄放之炸藥，非自行爆炸者，其單純之寄放行為，按諸一般情形，實不適於發生炸死他人之結果，是上訴人之寄放炸藥，與某丙之被炸身死，不得謂有相當之因果關係。」丙的死亡雖因上訴人寄放炸藥所致（條件關係），但一般情況下，並不會發生此意外（相當性），所以侵權行為無從發

---

❻　參考孫森焱，前揭《民法債編總論上冊》，pp. 233–234。

❻　最高法院48年臺上字第481號判例謂：「按損害賠償之債，以有損害之發生及有責原因之事實，並二者之間，有相當因果關係為成立要件，故原告所主張損害賠償之債，如不合於此項成立要件者，即難謂有損害賠償請求權存在。」

生⓻。

學者王伯琦教授的理論大致與此相同，王教授認為，所謂相當因果關係，是指「無此行為，雖必不生此損害，有此行為，通常即足生此損害者，是為有因果關係。無此行為，必不生此種損害，有此行為，通常亦不生此種損害，即無因果關係。」⓻若由條件關係與相當性的區分加以分析，王教授的定義中，「無此行為，雖必不生此損害」指的是「條件關係」；至於「有此行為，通常即足生此損害者」則為行為與損害間是否具「相當性」的陳述⓻。

(2)最高法院76年臺上第158號民事判決略謂：「侵權行為之債，固須損害之發生與侵權行為間有相當因果關係始能成立，惟所謂相當因果關係，係以行為人之行為所造成的客觀存在事實，為觀察的基礎，並就此客觀存在事實，依吾人智識經驗判斷，通常均有發生同樣損害結果之可能者，該行為人之行為與損害之間，即有因果關係。」本案的事實為某甲駕駛的自小客車擦撞前車後，引起連環追撞並起火燃燒，其中一輛大客車的旅客匆忙下車，見火勢猛烈，惟恐車身爆炸，竟將橋縫誤認為安全島而紛紛跳下，造成傷亡。法院依客觀存在的事實觀察，認為如果車身爆炸而不及走避，所造成之傷亡將更為慘重，且當時又是夜晚，更易引起慌亂，在此緊急情況之下，不可能要求旅客保持冷靜，安然離開現場，所以「依吾人一般智

⓻　另參閱最高法院83年臺上字第2261號民事判決：「按行為人故為虛偽之陳述，使司法機關為犯罪之訴追，致他人受有損害者，倘係利用司法機關有追訴犯罪之職權，以侵害他人權利，自屬侵權行為，不因司法機關係依法追訴犯罪而阻卻違法。又損害賠償之債，固以有損害之發生及有責任原因之事實，並兩者之間，有相當因果關係為成立要件。惟所謂相當因果關係，係指無此行為，雖必不生此結果，但有此行為，按諸一般情形即足生此結果者而言。須無此行為，必不生此結果，有此行為，按諸一般情形亦不生此結果，始得謂為無相當因果關係。」

⓻　王伯琦，前揭《民法債篇總論》，p. 77。

⓻　陳聰富，《因果關係與損害賠償》，元照出版公司，2004年9月初版第一刷，pp. 15–16。

識經驗，上述旅客在慌亂中跳落橋下傷亡，是否被告駕車追撞而造成之上開車禍，無相當因果關係，非無研究餘地。」此判決著重在釐清與闡明「相當性」的標準，以客觀的事實加上一般人智識經驗的判斷，如果通常均有發生類似結果的可能性存在，則損害與行為間有相當因果關係。換言之，是以行為人所造成的客觀事實為基礎，再以大多數人的知識經驗，也就是一般社會觀念（社會通念）為準則，如此便能判定是否具有相當因果關係。最高法院 82 年臺上字第 2161 號民事判決亦採用相同的見解。

　　學說上有邱聰智教授持類似的看法：「所謂相當因果關係，乃指加害行為在一般情況下，依社會通念，皆能發生該等損害結果之連鎖關係。亦即因行為人之行為所造成之客觀事實，依吾人日常知識經驗，如該行為通常均有發生同樣損害結果之可能者，該行為與損害結果，即有相當因果關係。」❼❸ 鄭玉波教授也認為：「謂其原因僅於現實情形發生其結果者，尚不能立即斷定其有因果關係，必須在一般情形，依社會通念，亦謂能發生同一結果者，始得認有因果關係。」❼❹

　　(3)最高法院 87 年臺上字第 154 號民事判決：「所謂相當因果關係，係指依經驗法則，綜合行為當時所存在之一切事實，為客觀之事後審查，認為在一般情形上，有此環境，有此行為之同一條件，均發生同一之結果者，則該條件即為發生結果之相當條件，行為與結果即有相當之因果關係。反之，若在一般情形上，有此同一條件存在，而依客觀之審查，認為不必皆發生此結果者，則該條件與結果並不相當，不過為偶然之事實而已，其行為與結果之間即無相當因果關係。」本案事實為原告之父甲因病至被告醫院住院醫治。某日午餐，被告醫院所聘僱的護理長乙未從旁協助及觀察甲用膳，甲自行用餐而發生食物嗆入氣管並阻塞呼吸道的情事，甲因而窒息死亡。原告指稱被告醫院及其護理長未盡善良管理人的注意義務，所以提起侵權行為的損害賠償請求。法院依上述標準評斷，認為原審法院應審查甲的死亡與護理長在場協助，是否存在因果關係；也就是在同一條件存在，

---

❼❸　邱聰智，前揭《新訂民法債編通則（上）》，p. 166。

❼❹　鄭玉波著，陳榮隆修訂，前揭《民法債編總論》，p. 178。

是否均發生同一結果，而非偶然事實，即兩者間是否存在「相當性」，如此才能斷定因果關係的有無。由於原審並未就此釐清，所以原判決遭到最高法院廢棄，發回高等法院更審，被告勝訴。

以上列舉的三種相當因果關係的見解，為目前實務與學術上較常被引用的標準。然而，這些準則並未清楚區分「條件關係」與「相當性」，最高法院的判決也有混淆這兩項構成相當因果關係成分，或是適用上順序有誤的情況。基本上，侵權行為損害賠償責任的存在，應是一個行為侵害一個法益的結果，而該法益的被侵害是否與行為人的行為有關，必須先透過一個因果關係的評斷，可較精確的斷定行為人應對何法益的侵害負責。而當一個法益受侵害後，損害範圍究竟到達何種程度，需再經一個因果關係之評定，才能較有系統的限制賠償範圍的無限擴大。「條件關係」與「相當性」應是確定因果關係的二段檢驗工具，必須先決定條件關係，再判斷其相當性。前者旨在確定是否構成侵權行為責任的關係，需由觀察客觀事實的條件而定；後者則為決定應負損害的賠償範圍的關係，必須在相當可預期的損失的範圍內，才有賠償可言 **❼❺**。英美侵權行為法 (Anglo-American Law of Torts) 對因果關係是否存在的分析有較統一的標準，在定義上較我國詳盡且清楚。「條件關係」類似於英美法中的「事實上的因果關係」(causation in fact 或 actual cause)，而檢驗「相當性」的作用則近似於如何確定所謂的「法律上的因果關係」(legal causation 或 Proximate cause)，茲簡述如下：

1. 事實上的因果關係

確定侵權行為因果關係的第一步,即在確定行為與損害間是否存在「事實上的因果關係」。在英美法上最常見的檢驗標準為 "but for test"，即所謂的「若無，則不」或是「必要條件」(Sine Qua Non) 法則；若無行為人的作為或不作為的存在，則不發生被害人的損害，此時該作為或不作為將被認定與被害人的損害間有事實上的因果關係。例如，旅館經營者未提供火災逃難設施，以至於住宿旅客在火場中無法逃生而喪命，依照 but for test，若旅館具備完善的逃生設施，則不發生旅客死亡的結果，所以兩者之間有事

---

❼❺　林誠二，前揭《民法債編總論──體系化解說（上）》, p. 246。

實上的因果關係；反之，如果旅客是在睡夢中遭濃煙嗆傷，導致窒息身亡，則無論逃生設備的有無，都無法防止此種死亡的發生，所以兩者間不存在因果關係❼。美國路易斯安那州最高法院審理 Perkins v. Texas & New Oleans R. Y. Co. ❼乙案，被害人通過平交道時，遭到一列超速行駛的載貨火車撞擊，當場死亡。火車人員作證此平交道旁坐落一間倉庫，恰巧遮斷通過平交道車輛的視線。死者家屬（原告）主張被告違規超速駕駛，致被害人閃躲不及而發生意外，所以請求被告負過失侵權行為的賠償責任。被告反駁即使火車不超速，車禍也無法避免，所以被害人的死亡與火車超速之間不存在因果關係，因此無所謂的侵權行為賠償責任的產生。法院認為問題的爭點在解決火車駕駛員超速行駛的過失與結果的發生是否有因果關係。法院利用 but for test 檢驗此案，也就是鐵路公司的過失責任，僅發生在駕駛不超速則不會有車禍意外的情況下。但在聽取相關證詞後，法院發現即使火車以正常速度行駛，也無法在被害人通過平交道前完全煞車，因此火車超速並非車禍的原因，兩者間並無事實上的因果關係。此判決再次確定事實上因果關係的原則，亦即若無此過失行為，結果依然發生，此時該過失行為並非結果發生的相當原因，行為人自不需為此負責，反之則成立侵權行為。

　　But for test 並非適用於所有的案例，因此法院必須仰賴其他準則檢驗，才能有效導出因果關係的存在與否。例如，甲行為人過失導致一場森林大火，並與另一場無名火結合，因而燒毀被害人的農莊，但其中任何一把火皆可獨立造成此損害的結果。如果以 but for test 檢驗，甲的過失並非造成失火的主因，因無論有無甲的行為，火災終究會因無名火而發生。如此將使行為人免除賠償的責任，對被害人有所不公，所以法院捨棄 but for test 而以所謂的 "substantial factor test"（重要因素法則）替代，也就是如果行為人的過失是造成損害結果的重要因素，雖有其他原因可能導致相同的損害，行為人仍須負損害賠償責任，而排除 but for test 的適用❼。另外，如果被

❼　Weeks v. McNulty, 101 Tenn. 495, 48 S. W. 809 (1898).

❼　Perkins v. Texas & New Oleans R. Y. Co., 243 La. 829, 147 So. 2d 646 (1962).

害人的傷害是由二個以上的行為人共同造成時，例如甲乙二獵人誤以為被
害人所在的地方有獵物出現，立即各自在同一時間射擊一槍，其中一槍射
中被害人的眼睛。此時若無法確定真正的加害者為何人，但卻苛求被害人
舉證何者為實際的加害人，則有失公平。因此，該二行為人在無法利用 but
for test 逃避賠償責任的情況下，必須負舉證責任（舉證責任的轉換），證明
其行為與被害人的損害間無因果關係，才能免責。如無法舉證，則二人負
共同侵權的連帶責任 [79]。此即學說上所謂的「擇一因果關係」(alternative
cause approach)。類似的法則也運用在企業侵權責任的案例中：在美國加州
Sindell v. Abbott Laboratories 乙案 [80]，原告的母親在懷孕期間接受醫師的處
方，服用一種簡稱為 DES 的安胎藥，導致原告成年後罹患癌症。由於年代
久遠，原告已無法確定其母所服用的 DES 究竟為何藥商所製造，因此控告
當年生產該藥的主要五家藥商為共同被告，要求負損害賠償責任。本案法
院認為若要求原告證明此 DES 為何家藥商所製，無辜的原告勢必無法證明
而喪失獲得賠償的機會，此並非法院所樂見。因此法院引用前述誤擊案例
所建立的原則，將舉證責任倒置，由被告證明原告母親所服用之 DES 非其
所生產，否則必須負責。然而，本案法院將此原則作些微的修正，為避免
真正需要負責的公司，因他公司負全責後，逃避其應付的賠償責任，所以
不要求各被告公司負連帶責任，而是以市場占有率 (market share) 計算賠償
金額。本案的賠償請求權的行使時點，與侵權行為發生的時間相距甚遠，
導致證據取得不易，但本於維護社會正義的原則，仍應使被害人獲得應有
的賠償。

2. 法律上的因果關係

　　「法律上的因果關係」又稱為「最近因果關係」(proximate cause)，確
定法律上的因果關係的目的，在於確定損害賠償的範圍。並非所有的損害

---

[78] 　Anderson v. Minneapolis, St. P. & S. St. M. R. R. Co., 146 Minn. 430, 179 N. W.
　　45 (1920).

[79] 　Summers v. Tice, 33 Cal. 2d 80, 199 P. 2d 1 (1948).

[80] 　Sindell v. Abbott Laboratories, 26 Cal. 3d 588, cert denied, 449 U.S. 912 (1980).

均與行為有因果關係，必須是在正常的情況下，行為人的加害行為造成被害人陷於危險之中；但為避免行為人負擔過度的賠償責任，所以將行為人的責任限於其不法行為導致之危險，即該危險所引發的損害結果上。關於被告不法行為何時與原告損失間成立法律上的因果關係，英美法是以對此危險有「預見可能性」(foreseeability) 作為評斷標準 ❽，與我國通說採相當因果關係的情況不同。以下就「預見可能性」簡要分析之：

⑴損害由「直接原因」(direct causes) 造成

　　被害人的損害如果由行為人的行為直接造成，而非因其他介入原因 (intervening causes) 而中斷，行為人必須為其可預見的損害結果負責；甚至在行為完成至發生損害的過程中，間或存有不尋常的事件，但最終仍造成該可預見的損害結果，此時行為人仍需負責。例如：甲駕駛一輛名貴跑車在一般道路高速奔馳，突然在人行穿越道前看見正通過馬路的乙。為避免直接撞上乙，甲立即將跑車轉向另一邊的路旁，因而撞上停靠路邊的貨車，造成貨車旋轉而重傷乙的大腿。此時甲必須負擔乙的損害賠償，因為甲對乙的損害有預見可能性（高速駕駛與傷及路人間），儘管造成損害的方式並不尋常。

　　反之，如果損害的發生或是損害的擴大並非行為人所能預見的結果 (unforeseeable consequences)，則行為人無須為此損害負責。在美國紐約州上訴法院審理的 Ryan v. New York Central R. R. Co. ❽乙案，被告鐵路公司因管理不善及設備不足等原因，過失造成火車引擎著火，火勢快速延燒，不但燒毀該公司的火車庫，也殃及附近多幢民宅，距火場 130 英尺遠的原告方屋亦受波及。原告因而要求被告負責損害賠償的義務。法院認為，任何人必須對其行為所造成之直接或最近損害結果 (immediate or proximate results) 負責，但超越此「可預見範圍」(foreseeable distance) 的損害，則無賠償義務。因此，本案中被告鐵路公司過失所造成的最近損害結果僅為其本身的財產（火車庫），至於其他的損害結果，並非被告所能預見，與其過

---

❽　陳聰富，前揭《因果關係與損害賠償》, p. 99。

❽　Ryan v. New York Central R. R. Co., 35 N. Y. 210, Am. Dec. 49 (1866).

失行為之間欠缺因果關係。

　　然而，有時被告的行為除造成被害人直接的傷害外，但因被害人特殊的體質，而發生損害加重的結果，法院一般都會判決行為人仍應負擔此加重結果的損害賠償，儘管此特殊體質對原告而言並無可能預見性。在美國聯邦上訴法院審理的 Steinhauser v. Hertz Corp. ❸乙案，原告與父母駕車出遊時，遭到被告所駕之車撞及，所幸無人受傷。但在車禍發生後的數分鐘，原告開始產生包括眼神呆滯、焦慮、緊張等不正常現象。數日後更嚴重到有被迫害妄想與自殺傾向的症狀。經精神科醫師檢查，發現原告雖原有精神分裂的傾向，但此次車禍卻是加速其產生損害的「觸發原因」(trigger)，原告因而要求被告負損害賠償之責。法院認同原告的主張，雖然原告潛在的精神疾病並非被告所能預見，但車禍發生之前，原告不受隱性疾病的影響，沒有任何不正常的現象，直到被告過失行為的介入。因此，如果被告的行為是促使精神分裂的因素 (precipitating factor)，被告則必須對原告的損害負賠償責任。也就是侵權行為人必須承擔所有被害人的損害，無論該損害為被害人個人因素而擴大或因早已存在的疾病所致 ❹。相同的理論也運用在其他不同類型的損害結果上，例如，在紐約最高法院審理的 Bartolone v. Jeckovich ❺乙案，原告在一場車禍中受到輕傷，但卻因此觸發其原已存在的神經衰弱傾向，造成終日愁眉不展，拒絕梳理外表，同時也放棄其從前所熱愛的健身、繪畫、歌唱，及彈奏音樂等活動。法院引用 Steinhauser 乙案的見解，認為車禍為引發原告精神疾病的主因，所以被告行為與原告的損害有最近因果關係，因此所有的損害均應由被告負責賠償。另外，在 Aflague v. Luger ❻乙案中法院重申以上原則，本案原告在七年前身受重傷，意外發生前已大致回復健康，卻因被告行為而再度觸及舊傷；

---

❸　Steinhauser v. Hertz Corp., 421 F. 2d 1169 (1970).

❹　A defendant must take a plaintiff as he finds him and hence may be liable in damages for aggravation of a preexisting illness.

❺　Bartolone v. Jeckovich, 481 N. Y. S. 2d 545 (1984).

❻　Aflague v. Luger, 589 N. W. 2d 177 (1999).

雖然被告僅是輕微撞擊原告，但因原告的脆弱體質，造成損害擴大的結果。此時被告依然需為此擴大的結果負責，因其行為被認為是促使該結果發生的原因。

(2)損害由「介入原因」(intervening causes) 所造成

較複雜性的侵權行為中，若涉及第三人行為或其他事件介入因果關係時，損害賠償責任是否因該中斷原因的出現而免除，仍是取決於行為人對損害結果與介入原因的預見可能性。

A. 可預見的損害結果由可預見的介入原因造成

如果行為人的行為造成一種危險的環境，使得後來可預見的介入原因，能夠對被害人產生可預見的損害結果時，行為人必須對此損害負責。一般而言，與侵權行為之間有相互牽連關係的介入原因，均具備預見可能性；例如：治療損傷時的醫療失誤 (medical malpractice)、急救人員的過失 [87]、加害行為造成被害人體質衰弱而罹患他病，或因損害造成身體殘缺導致另一次的損害等，均為可預見的介入原因，所以行為人對此種損害均應負責。在美國密西根州發生的 Hickey v. Zezulka [88] 乙案，大學拘留室管理員將受留置者帶進拘留室時，不慎未將受留置者的皮帶拿走，導致該留置者利用皮帶自殺身亡。承審法院認為，管理員的過失行為是第一行為，而自殺為第二行為，第二行為雖為第一行為的介入原因，但二行為之間並非互相獨立，且介入原因所造成的損害為管理員所能預見，所以管理員的過失責任並不因受留置者的自殺行為所中斷，因此管理員必須負損害賠償的責任。另外，在 Copithorne v. Framingham Union Hospital [89] 乙案，被告醫院被告知某醫生具有侵犯女性的危險性，卻過失繼續聘任之，以致原告受其性侵

---

[87] See Pridham v. Cash & Carry Building Center, 116 N. H. 292, 359 A. 2d 193 (1976). 由於被告員工的過失，導致被害人遭滑落的鐵板壓傷，但在就醫途中，救護車司機心臟病發而發生車禍，被害人死亡。法院認為急救時發生意外是合理可預見的結果，因此被告必須負責。

[88] Hickey v. Zezulka, 439 Mich. 408, 487 N. W. 2d 106 (1992).

[89] Copithorne v. Framingham Union Hospital, 520 N. E. 2d 139 (1988).

害，因而請求醫院賠償損害。法院判決原告勝訴，因為被告醫院的過失構成原告的危險，且該損害結果為被告所能預見。

　　如果介入原因是獨立的、與原有的行為不相牽連的行為，則必須依個案分析不同的狀況，以確定行為人是否必須為負損害賠償責任。常見的獨立介入原因，有第三人過失行為、第三人的犯罪與故意侵權行為，及自然力 (Acts of God) 介入的情況，至於判斷的標準，仍然以可預見與否為斷。以第一種狀況而言，第三人的過失所造成的損害結果，如果是因為行為人的行為所構成的危險所致，且此結果為行為人所能預見，則行為人必須負責。美國肯塔基州最高法院審理 Watson v. Kentucky & Indiana Bridge & R. R. Co. ❾⓿ 乙案，被告火車運輸公司所屬的一輛裝有石油的車廂破裂，導致石油滲漏，第三人點煙時將火柴掉在滲油的街上引起火災，造成原告財產損失，原告便控告被告公司侵權。但據目擊證人作證時表示聽到該丟棄火柴的第三人，曾向朋友說「燒掉這該死的東西」。法院認為被告過失將石油洩漏街上，應可預見此危險可能引發的所有損害結果，包括失火的危險。實際造成原告損害的原因雖是獨立於被告行為的介入原因，此介入原因如果是被告所能預見，則被告有賠償的義務。路人過失丟棄火柴點燃街上的石油而引發火災，應屬於被告可預期之損害而須負賠償責任。但如果第三人的行為是出於犯罪行為或故意侵權行為，例如意圖縱火的惡意犯罪行為，其目的在引發爆炸，則並非被告所能預見，因此這種介入原因也就是構成新的原因，進而中斷原有的因果關係而使被告免責。

　　第二是第三人的犯罪與故意侵權行為。上述縱火的行為是被告所無法預見的第三人犯罪原因，所以被告行為與原告損害之間的因果關係遭到切斷；但如果第三人的犯罪與故意侵權行為是行為人可預見時，行為人仍需負責。例如泊車小弟因過失將車鑰匙放在客人的座車上，且未確實關緊車門，導致座車失竊。泊車小弟的行為構成汽車失竊的危險，且此損害為一般可預見的結果，所以其行為不因竊賊的介入行為而免責，仍需負賠償責

<hr>

❾⓿　Watson v. Kentucky & Indiana Bridge & R. R. Co., 137 Ky. 619, 126 S. W. 146 (1910).

任。在美國奧勒岡州最高法院審理 Kimbler v. Stillwell ⑨ 乙案，被告所經營的槍彈商店在未裝設任何安全裝置之下，遭竊賊侵入竊取槍枝與子彈。該竊賊事後以竊得的槍彈射殺被害人。法院認為第三人的犯罪行為（介入原因）並無法免除被告的侵權行為責任，因為被告的過失構成可預見的損害結果，也就是在客觀上竊賊的犯罪行為是被告所能預見的，所以因果關係不中斷。

第三類是自然力的介入。自然力的介入所造成的損害如果與行為人所製造的危險不同，則此介入原因可作為中斷因果關係的原因，行為人因此得以免責。但如果行為人預見可能有自然力的介入而造成他人的損害時，行為人仍應負損害賠償責任。例如在 Kimble v. Mackintosh Hemphill Co. ⑨ 乙案，原告的丈夫遭被告房屋散落的屋頂擊中，當場斃命，然而屋頂之所以會掉落，一方面是被告疏於整修，但最近因果關係卻是一陣如龍捲風般的強風，將屋頂吹落。法院認為，被告未善盡其義務防止有瑕疵屋頂可能造成的危險，有過失的責任；強風雖為介入原因，但此風所導致的損害，並非與被告所製造的危險不同，且強風在當地並非極為罕見的自然力。所以因果關係不因自然力的介入而中斷，被告仍應對被害人的死亡負責。

B. 可預見的損害結果由不可預見的介入原因造成

行為人的行為如果造成某種危險的威脅，則有侵權行為的賠償義務的產生，但如果真正損害是由無法預見的介入原因直接造成，此時行為人是否仍應負責，不無問題。大部分的英美法院會判決行為人仍然必須負責，因為法院的著眼點一般是落在行為人對損害結果的預見可能性，至於是否可預見介入原因，似乎較不具重要性。例如在美國紐約州最高法院審理 Derdiarian v. Felix Contracting Corp. ⑨ 乙案，被告公司雇員進行瓦斯管線埋設工程時，須以琺瑯密封管線銜接處，所以準備一只內裝溫度高達華氏 400

---

⑨　Kimbler v. Stillwell, 734 P. 2d 1344 (1987).

⑨　Kimble v. Mackintosh Hemphill Co., 59 A. 2d 68, 71 (1948).

⑨　Derdiarian v. Felix Contracting Corp., 51 N. Y. 2d 308, 414 N. E. 2d 666, 434 N. Y. S. 2d 166 (1980).

度的熱琺瑯在旁待命。此時本案另一被告駕車行經工地時，因癲癇發作而衝入原告（亦為被告公司雇員）的工作處，因衝力過猛造成原告彈起，進而跌落至琺瑯鍋中，而遭到嚴重灼傷。原告主張被告公司未符合工作場所工作準則，應為其損害負過失侵權責任。被告公司則抗辯原告的損害為另一被告之直接行為所致，因果關係因而中斷，所以被告無須負責。法院認為，被告公司確實未依規定提供安全設施，應被視為有過失，而因為此過失所造成的危險狀態下，被告應可預見工作人員可能因此而受傷。被告有此損害結果的預見可能性時，即必須負責，被告無須確實預見原告是以何種方式（介入原因）遭受傷害。因此，被告的不作為與原告的損害之間有因果關係。然而，如前引述的 Watson 乙案，介入原因若為不可預見的第三人的犯罪行為或故意侵權行為，則行為人過失與損害結果之間的鏈鎖將被打斷。

C. 不可預見的損害結果由介入原因造成

除少數案件外，造成不可預見的損害結果的介入原因，大多被視為不可預見的介入原因。多數法院認為此類不可預見的介入原因，屬於「代替原因」(Superseding Cause)，而傾向判決被告不需負侵權行為責任。依據美國侵權行為法第二整編 (Restatement of the Law, Second, Torts) 第 440 條對代替原因之定義：「代替原因，係指行為人先前的過失行為，雖是造成傷害之重要因素，但因第三人之行為或其他力量的介入，而使其免除責任。」❾❹ 換言之，介入原因如為代替原因，則是一種切斷被告先前過失與原告最終損害的原因；代替原因本身轉變為直接且立即的原因，所以被告對損害結果的賠償責任，即得以免除。在紐約州最高法院審理 Palsgraf v. Long Island

---

❾❹　Restatement of Law (2nd), Torts, § 440. Superseding Cause Defined: A superseding cause is an act of a third person or other force which by its intervention prevents the actor from being liable for harm to another which his antecedent negligence is a substantial factor in bringing about. 摘自司法院與政治大學法研所合譯《美國法律整編親權行為法 *Restatement of the Law, Second, Torts*》，司法周刊雜誌社，1992 年 12 月再版，p. 359。

R. R. Co.(95)乙案，某乘客攜帶一只盒子匆忙趕火車，由於火車擁擠，被告鐵路公司的員工推了該名乘客一把幫助他順利上車。但在推擠過程中，該名乘客所攜帶的盒子不慎掉落月臺，盒中所裝的煙火因而引爆，導致月臺上的磅秤被爆炸的震波震倒，砸中在月臺等車的原告。原告因而控告鐵路公司，要求損害賠償。此案承審法官認為，被告公司的員工在推擠中或許有過失，但對於該過失所可能造成的損害，必須是在一謹慎合理人(reasonable prudent person)的標準下可預見的範圍內，才需要為此負擔過失之損害賠償責任。純粹過失行為的存在，並不代表絕對存在損害賠償責任；如果欠缺上述的預見可能性，行為人仍無責任可言。責任的範圍應被限定在其行為所造成的危險範圍內，超越此範圍的損害結果，行為人無須負責。本案中，該名乘客所攜帶的盒子上，並無可供辨識內含煙火的標誌，被告員工在不知內容物為何的情況下，顯然無法預見其推擠的行為有導致爆炸發生的可能性，也不可能在行為當時預見原告將因而受到傷害。所以，縱然被告員工有過失，其過失也僅存於受推擠的乘客，並非原告身上；因此該行為與原告損害之間的因果關係不充分，被告鐵路公司無須負責。本案所揭櫫的原則，經常受到類似案件的援用，例如在 Marenghi v. New York City Transit Authority (96)乙案，一名趕車的乘客自地鐵站樓梯飛奔而下，大喊電車停車，被告所雇用的電車管理員於是將已關閉的車門重新打開，讓該名乘客上車，電車門立即再度關閉。該名乘客在奔向電車的途中，不慎撞倒剛下車的原告，造成原告受傷。原告主張被告雇用的管理員不當開啟車門，致使原告遭到其他乘客撞擊受傷，應負擔賠償責任。但法院引用 Palsgraf 乙案的判決理由，認為被告管理員若有過失，其可預見的損害結果，應是乘客因車門的開啟而夾傷或掉落等類似情況，但原告是因其他乘客的衝撞而受傷，依合理謹慎人的標準衡量，此非合理可預見的結果，其傷害並不在管理員所能預見的損害結果範圍之內，所以行為與損害之間不

(95) Palsgraf v. Long Island R. R. Co., 248 N. Y. 339, 162 N. E. 99 (1928).

(96) Marenghi v. New York City Transit Authority, 151 A. D. 2d 272, 542 N. Y. S. 2d 542 (1989).

具因果關係。也就是乘客衝撞的行為形成代替原因，阻斷原有因果關係的鎖鏈。

二、主觀要件

　　侵害權利之侵權行為的主觀要件有二，其一是第二章所論及的行為必須出於故意或過失；其二是行為人於行為時需有「責任能力」。責任能力又稱為侵權行為能力，是指侵權行為人能負擔損害賠償責任的資格；也就是具有侵權行為能力的人，不法侵害他人權利時，才需要為其行為負責。判定責任能力的標準，並非狹隘的以行為能力為斷，而是取決於「辨別能力」的有無。所謂「辨別能力」，指的是行為人對自己不法加害他人權利或利益的行為，有通常的抽象的認識能力而言，不以其對違反法律之禁止或強制規定，或違背公序良俗，具有具體之認識為要件❾⒎。侵權行為責任的來源是以故意或過失行為為原則，而行為人必須對此故意過失的行為，有能力辨別此行為是社會不容許的違法行為，也就是具備社會的是非利害觀念的能力。反之，如果行為人無正常的判斷是非的能力，對行為之違法性毫無認識，則其意思表示並不健全，因而欠缺責任能力，法律自然不應苛求這

---

❾⒎　最高法院 47 年臺上字第 831 號民事判決謂：「鄒○一行兇時，年甫十七，雖屬限制行為能力人，但其識別力既與成年人無異，其法定代理人即無民法第一百八十七條第二項所定之免責事由，從而被上訴人據以訴請判令上訴人等負連帶損害賠償責任，即非不應准許。」

　　最高法院 52 年臺上字第 2771 號民事判決謂：「摔角係以摔倒對方與否為決定勝負之運動方法，國校學生例多於課餘之際作此遊戲，上訴人左大腿受傷，既係因其邀同被上訴人蔡○灣摔角跌倒後所致，殊難謂該蔡○灣在當時有致上訴人受如此傷害之認識，亦即無識別能力可言，難使該蔡○灣就上訴人因傷所受之損害負賠償責任。況該蔡○灣應上訴人之邀，而為此摔角遊戲，又非法令所不許，且其摔角處所係在學校教室內，是被上訴人蔡○般對於蔡○灣之監督，亦無疏懈之可言，自亦不負賠償之責。」此案認定辨別能力的標準以「受如此傷害之認識」為斷，似乎過於嚴苛，似應以被害人的允諾作為阻卻違法，而使行為人無須負責為當。

些人負擔侵權行為之賠償責任。然而，如果在適用無過失責任主義的特殊情況下，無論行為是否出於故意或過失，只要有行為的存在，行為人即需負責，因此行為人是否擁有責任能力並不重要❽。

　　我國民法並未直接針對責任能力加以規定，僅間接規定在第 187 條第一項及第四項。前者規定無行為能力或限制行為能力人，不法侵害他人權利時，如果於行為時無識別能力，則無責任能力，所以無需為自己的行為負責，因此賠償責任便由其法定代理人獨立負擔。根據此一規定，責任能力的有無與年齡並無直接關係，而是以辨別能力為決定是否必須負責的標準，如果一個心神喪失或精神耗弱的禁治產人，在其短暫回復意識的狀態下侵害他人的權利，仍應視其有責任能力而須負賠償責任。第 187 條第四項規定，完全行為能力人在無意識或精神錯亂中所為之行為，造成第三人受有損害，此時該完全行為能力人因無責任能力，所以不成立侵權行為。無意識的情況是行為人處於毫無意思作用的狀態，例如沉睡、酩酊大醉或甚至是夢遊的處境下，此時行為人對自己的所作所為全然無知；而精神錯亂，指的是欠缺意思能力的狀態，例如極度驚恐所引發的歇斯底里，或是因精神疾病所引起的脫序行為❾。值得注意的是，行為人如果利用無意識或精神錯亂的狀態作為加害他人的手段時，則稱為「原因自由行為」，仍然視為有責任能力，而無法逃避賠償責任的發生。例如，某行為人為壯膽以對婦女進行強制性交，因而故意吞下迷幻藥使自己陷入精神亢奮之中，進而性侵得逞，此時行為人利用無意識為侵權的手段，有責任能力，仍須為侵害他人身體權與貞操權的侵權行為負責❿。

　　至於法人是否有侵權行為能力，亦即責任能力，則有探討的必要。對於法人的本質，學說上有關於法人本質計有「否定說」、「擬制說」、「目的財產說」、「實在說」等，目前通說採實在說。意即法人本質上具有獨立之人格，是將法人視為「社會組織體」，屬於法律上的組織實體。所以，董事

---

❽　孫森焱，前揭《民法債編總論上冊》，pp. 239–240。

❾　鄭玉波著，陳榮隆修訂，前揭《民法債編總論》，p. 180。

❿　邱聰智，前揭《新訂民法債編通則（上）》，pp. 170–171。

或其他有代表權之人為法人的代表，在業務上的行為即為法人的行為，法人代表所為之侵權行為，應視為法人本身的侵權行為，法人應負「自己責任」（法人實在說），而有賠償責任。民法第 28 條規定：「法人對於其董事或其他有代表權之人因執行職務所加於他人之損害，與該行為人連帶負賠償之責任。」公司法第 23 條第二項規定：「公司負責人對於公司業務之執行，如有違反法令致他人受有損害時，對他人應與公司負連帶賠償之責。」此法人或公司的賠償責任均屬於自己責任，而非為其負責人承擔「代負責任」。因此應認為法人代表的侵害行為，即法人的侵害行為，法人自然有責任能力。

◉ 第二節　利益的侵害

一、概　說

　　侵權行為法中有關侵害利益的部分，規範在民法第 184 條第一項後段：「故意以背於善良風俗之方法，加損害於他人者亦同。」最高法院 86 年臺上字第 3760 號民事判決：「按因故意或過失不法侵害他人之權利者，負損害賠償責任，故意以背於善良風俗之方法加損害於他人者亦同，民法第一百八十四條第一項定有明文。本項規定前後兩段為相異之侵權行為類型。關於保護之法益，前段為權利，後段為一般法益。關於主觀責任，前者以故意過失為已足，後者則限制須故意以背於善良風俗之法加損害於他人，兩者要件有別，請求權基礎相異，訴訟標的自屬不同。」第 184 條第一項前段是以權利的侵害為規定對象，而後段則以保護權利外的一切法益為目的，具有擴大保障客體，補充前段不足的功能。此外，對於利益的保護，是以違反善良風俗為前提與判斷標準，此項不確定法律概念的運用，有效的將侵權行為法與社會的發展及價值觀的變遷巧妙結合，使法律與社會同步成長，不致產生法律規範與社會現實脫節的窘境。同時，為防止善良風俗的抽象概念的濫用，第 184 條第一項後段的侵害以故意侵權行為作為要件，

藉以限制其使用範圍。

二、成立要件

　　侵害利益型態的侵權行為,其構成要件在主觀上行為人須有責任能力,而行為必須出於故意;客觀上須有加害行為、行為須不法且無阻卻違法事由、須發生損害,加害行為與損害間具有因果關係、須侵害他人的利益,以及行為須背於善良風俗。有關主觀要件與客觀要件的前四項,在意義上與權力侵害的模式並無不同,不在此贅述;至於客觀要件的後二項,分項討論如下:

(一)須侵害他人利益

　　如前述,民法第 184 條第一項後段的保護對象,是指權利以外的一切法律上的利益而言。王澤鑑教授認為,所稱的利益兼指純粹財產上利益(純粹經濟上的損失) ❶及精神自由等非財產利益, 例如二業者相互競爭, 其中一方竟故意將他方的電話線剪斷, 使其無法承接業務;或是舊雇主明知離職員工有盜用公款的情事, 竟仍為其撰寫推薦信稱其誠實可靠, 導致新雇主遭受財物損失;以及自來水管遭他項施工挖斷,造成附近店家營業利益損失等❷。這些情況下, 雖不致直接造成被害人權利的損害, 但其利益卻因而受損, 所以行為人必須在故意以違反善良風俗方法加諸損害時, 才成立利益侵害型的侵權行為。然而, 此利益應僅限於私人享有, 而由私法體系所承認的範圍內;因此, 公法上的利益(如公法人自治權所生的利益)或「反射利益」❸, 均不包含在內❹。

---

❶　所謂純粹經濟上的損失,是指被害人受侵害的客體, 並非權利, 而是單純的財產上的利益;被害人非因人或物受侵害所生之財產上受損失, 而是遭受之財產上之不利益,是一種經濟利益的損失,不屬於權利的受損, 所以不應適用第 184 條第一項前段之規定。行為人若故意以違背善良風俗的方法, 使被害人遭受此利益的損失, 則構成侵權行為。

❷　王澤鑑, 前揭《侵權行為法(一)──基本理論　一般侵權行為》, p. 326。

❸　法律有時雖設有利益保障,但不當然賦予當事人權利。如:空氣污染防制法或食品衛生管理法等,授權國家為國民健康權的維護行使一定公權力,但並不賦

㈡須背於善良風俗

善良風俗是「不確定法律概念」的一種，不確定法律概念基於法律的要求，由立法者授權法官於適用具體個案時，應隨同時空環境變遷之社會、倫理及文化等價值理念予以具體化，期望法律能與時俱轉，以求實質的公平與妥當。所以，善良風俗為極抽象的名詞，涵義十分廣泛，動輒隨時代而轉變，難以具體定義，僅能依個案分析，由法官依事發當時的社會狀況決定適用的標準。大體上，民法第 72 條所稱的善良風俗，與第 184 條第一項後段規定之善良風俗在意義上是相通的，均可籠統的定義為「國民的一般道德觀念」；違反善良風俗，判例上解釋為「廣泛悖反規律社會生活之根本原理」的行為[105]，仍然無法具體提供清晰的定義。行為背於善良風俗是為不當，依第 72 條規定，是造成法律行為無效的原因；但在認定是否具有侵權行為違法性時，則必須檢驗是否存有故意的主觀因素，否則行為人無侵權賠償責任可言。例如，故意以誇大的廣告欺騙消費者與其訂約因而受損、獨占事業故意不與某人交易使其受到損害、與債務人通謀以假債權參加分配，使真正的債權人蒙受損失、勞資爭議時故意以封鎖工廠的不當舉動使雇主受損等，均屬於侵害利益的行為。應注意的是，行為人如果確信其行為是為履行法律或道德上的義務，或是合法追求正當利益時，應不構成背於善良風俗加損害於人，例如在最高法院 78 年臺上字 1040 號民事判決中，債權人為確保損害賠償請求權，因而聲請假扣押債務人的財產，不能認定其主觀上有故意以背於善良風俗之方法，加損害於債務人，因為假扣押屬於債權人依法保全債權得受清償的正當方法，法院認為，「何有背於善良風俗方法之可言」。

三、具體案例分析

予個人有直接的請求權。而人民因國家防制或管理得當所生之利益，稱為「反射利益」。

[104]　邱聰智，前揭《新訂民法債編通則（上）》，pp. 177–178。

[105]　參照最高法院 55 年臺上字第 2053 號民事判例。

(一)女性單身條款

有些雇主在聘任女性員工時，會要求預先訂立任職中結婚即須離職的不公平單身條款，雖然類似此「女性單身條款」的約定，違反兩性工作平等法第 11 條第二項之禁止規定：「工作規則、勞動契約或團體協約，不得規定或事先約定受僱者有結婚、懷孕、分娩或育兒之情事時，應行離職或留職停薪；亦不得以其為解僱之理由。」而使該條款無效，但如果被害人因此受有損害時，應可要求雇主負擔損害賠償的責任。兩性工作平等法實施前，司法院第一廳研究意見認為，雇主要求女性受僱人預立於任職中結婚即辭職之辭職書，不僅破壞憲法保障男女平等之原則，並且限制人民的工作權及有關結婚的基本自由與權利，所以該結婚即辭職的約定，應可認為「違背公序良俗」 ❿。依此實務見解，被害人的侵權行為請求權基礎，應源自於第 184 條第一項後段的規定，王澤鑑教授也認為此保護利益不受侵害的規定，「具有實現憲法基本人權價值體系及維護實質正義的功能」 ❿。不過，並非所有的學者都贊同此一看法，邱聰智教授便認為，既然女性單身條款所侵害的是女性員工的工作權、平等權以及自由權，為何捨棄直接適用權利侵害概念，卻因違背善良風俗而將之歸類於侵害利益類型，如此「恐有害侵權行為法之正常發展」 ❿。不過，在兩性工作平等法實施後，似乎應依第 184 條第二項規定，以違反保護他人法律的侵權行為決定雇主的賠償責任。

(二)欺　騙

最高法院民事 42 年臺上字第 490 號判例謂：「被上訴人向某某儲蓄有限公司辦事處交存款項之日期，既在該公司停止付款，亦即不能清償債務之後，則任該辦事處主任職務之上訴人，自應負告知停止存款之義務，乃竟矇蔽不為告知而仍吸收其存款，對於被上訴人因此不能受償之損害，究難辭其賠償之責任。」本案上訴人欺瞞有關公司不能清償債務的事實，仍然

---

❿　司法院(78)廳民一字第 859 號函復臺高院。

❿　王澤鑑，前揭《侵權行為法(一)——基本理論　一般侵權行為》，p. 327。

❿　邱聰智，前揭《新訂民法債編通則（上）》，p. 180。

收受被上訴人的儲蓄款項，導致被上訴人因而受有金錢的損失。由於此損失並非因侵害權利所致，屬於純粹財產上的損害，因此應歸類於侵害利益的類型。欺騙的手段為背於善良風俗的方法，而上訴人辦事處主任明知公司有財務危機而仍吸收存款，是為故意的行為，所以本案應成立於民法第184條第一項後段的侵權行為模式，上訴人應負損害賠償責任。

(三)嫁　禍

　　最高法院70年臺上字第4347號民事判決乙案，某公司藉用某甲的名義進口廢橡膠，某乙卻趁機在其中夾帶舊輪胎，以逃避海關課稅。法院認為，逃稅所侵害的客體雖為國家課徵稅捐的權利，人民所享有者僅反射利益而已，但某乙的夾帶行為，可能造成某甲因此遭到海關查獲，而以進口名義人身分受到處罰，致生純粹財產上的損害。所以乙明知其行為可能導致甲不利益的結果，卻仍然為之，是故意的行為；而其企圖逃稅的手段，屬於違背善良風俗的方法。據此，乙應負侵害利益的賠償責任。

(四)訴訟制度的濫用

　　行為人起訴或利用訴訟制度的目的，如果是故意為使被害人受到如訴訟費用或律師辯護費用等財務上的損失，或是造成不安或情緒上的痛苦，但卻無實質的訴訟基礎，則為訴訟制度的濫用，英美法上稱為 "malicious prosecution"，屬於違反善良風俗的方法，被害人如獲判無罪或無須負擔民事責任，有權向行為人請求侵害利益的損害賠償。例如，最高法院29年上字第470號民事判例謂：「上訴人明知被上訴人之所在，竟主使被上訴人之夫甲，以生死不明已逾三年為原因，訴請離婚，並利用公示送達之方法，使被上訴人無法防禦，因而取得離婚之判決，致被上訴人受有精神上之損害，對於被上訴人自應負賠償責任。」又如某甲並未實際持有某乙所簽發的支票，卻利用民事訴訟法規定的督促程序，以支票影本向法院聲請支付命令，請求乙支付票款及利息，再以此聲請法院強制執行乙的財產。最高法院認為，甲以不法行為取得執行名義，侵害乙的權利，解釋上應認適用民法第184條第一項後段規定。依據法院確定判決或執行名義而為強制執行雖非不法，但甲的行為卻是出於詐欺的手段，故意以背於善良風俗的方法

加損害於乙，應成立侵權行為 ⑩。此二例均為濫用訴訟制度的典型案例。

(五)權勢的濫用

在最高法院 70 年臺上字第 790 號民事判決乙案，某甲為某遊覽公司的董事長，乙女為其僱用的遊覽車服務小姐，彼此間有主僱的關係，甲利用權勢姦淫乙女後，又以將來願與乙女結婚為誘餌，多次誘使乙女與其發生性關係，因而導致乙女懷孕生子，法院認為，甲的行為，顯然是以故意違反善良風俗之方法加損害於乙女，乙女自得依侵權行為的法則，請求甲負賠償責任。本案中甲乙間的性行為是在雙方同意下進行，所以乙女無從主張貞操權的侵害，也就無法適用民法第 184 條第一項前段；然而甲的行為是以權勢與欺騙的手段（違反善良風俗的方法），使乙女受有損害，所以甲仍應依第 184 條第一項後段規定，負損害賠償責任。

◎ 第三節　違反保護他人法律的侵害

一、概　說

民法第 184 條第二項規定:「違反保護他人之法律,致生損害於他人者,負賠償責任。但能證明其行為無過失者,不在此限。」本項所規定的是一種獨立型態的侵權行為模式，而有別於同條第一項所規範的權利或利益的侵害。基本上，權利侵害的成立必須基於過失責任原則，亦即加害人的行為必須在主觀上有故意或過失的情形下，才有責任可言；而在利益侵害的型態中，故意以背於善良風俗的方法加損害於他人，則為成立侵權行為的重要條件。無論是權利或利益的侵害，被害人均有義務舉證加害人的故意或過失的行為，甚或須證明加害人所使用的方法違反公序良俗。然而，在違反保護他人法律的侵權行為型態，加害人一旦違反「保護他人」的相關法令，在客觀上已負有侵權的責任，除非其可證明行為時無過失，否則被害

---

⑩　參照最高法院 84 年臺上字第 196 號民事判決，及王澤鑑，前揭《侵權行為法(一)——基本理論　一般侵權行為》，pp. 339-340。

人有權向其請求賠償。由於舉證責任由被害人轉至行為人，所以本項可稱為「舉證責任倒置」的規定，也使之成為所謂的「過失推定」的侵權行為類型。本項之所以如此安排，一方面在避免本規定成為無過失責任主義的產物，而加諸於行為人過重的責任；另一方面在補充第184條第一項的不足。就後者而言，第一項前段所規定的侵害模式，是以「權利」為客體，並不包含利益，而後段以「利益」為保護對象，但卻需要符合故意與背於善良風俗的要件；前段規定限縮被害人的請求空間，而後段則加重被害人的舉證責任，對被害人似乎過於嚴苛。反觀第二項規定，保護他人的法律並不限於權利的保護，而是及於類似純粹財產利益的保護，因此擴大保護的範圍；採用過失推定原則，也直接加重行為人的責任，同時減輕被害人的舉證責任。這些功能有效的補足第一項的缺漏，對完善化我國侵權行為法具有正面的意義。不過，值得注意的是，我國的民主法治業已發展至一定階段，加上福利國家理念的付諸實施，保護人民的重要法律已近完備，人民在追求侵權行為法保障權益時，可能發生被害人優先考慮較有利的第184條第二項請求權，進而排擠第一項的適用；而在舉證無過失具有相當困難度的情形下，可能發生侵權行為法全面實質無過失責任的狀況，勢必造成民法的一大衝擊，此乃學者所憂心的 ❿。

二、成立要件

最高法院88年臺上字第1862號民事判決：「民法第一八四條第二項所保護的客體，需權益所遭受之侵害為保護他人法律所欲防止者，換言之，違反保護他人之法律而構成侵權行為損害賠償義務，必須具備二個要件：一為被害人需屬於法律所欲保護之人之範圍，一為請求賠償之損害其發生需係法律所欲防止者。」此判決直接確認違反保護他人法律類型的侵權行為，所應具備的成立要件；但在此二項要件外，必須先確定所謂「保護他人之法律」究竟指何種法律而言。所以，成立要件應分為三項，分別是「違

---

❿　參照邱聰智，前揭《新訂民法債編通則（上）》，p. 182；姚志明，前揭《侵權行為法研究(一)》，pp. 44-45。

反的法律需以保護他人為目的」、「被害人需屬於法律所欲保護的範圍」、「被害人之損害需為法律所保護的權益」。分析如下：

㈠違反的法律需以保護他人為目的

所謂保護他人的法律，實務上認為是一般防止危害他人權益，或禁止侵害他人權益的法律；一切以保護他人為目的之法律規範均屬之[111]。此處所稱的法律，應採廣義的解釋，除法律（公法或私法）外，尚且包括習慣法、命令，或是規章等，並以是否保護個人或特定範圍之人為目的作為判斷標準[112]。此法律在保護個人權益之際可同時保障一般公益，兩者可並存，例如道路交通管理處罰條例的主要立法目的雖在「加強道路交通管理，維護交通秩序，確保交通安全」（道路交通管理處罰條例第1條），但其規定內容也在保護直接參與交通者的安全，所以也不失為保護他人的法律。然而，如果該法律是專以保護國家公益或社會秩序為目的，則不包括在內。例如限制計程車以出租或其他方式交與他人駕駛營業之規定，純係基於對計程車業者行政上管理之考慮，而非著眼於乘客安全之保障，難以指為保護他人之法律（最高法院77年臺上字第1582號民事判決）。又如憲法的規定、以行政機關為規範客體的法規，或是刑法上有關內亂、外患罪的規定，均非以保護個人權益為目的的法律，而是「專以維持公安或保護國家的法律」[113]，人民所受的利益，充其量僅是反射利益，所以就算被害人因而受有損害，也無法據以請求損害賠償。

至於保護他人法律的範例，在普通法上，例如民法第35條第一項規定：「法人之財產不能清償債務時，董事應即向法院聲請破產。」法人的財產低於負債時，應採取破產的措施以保障債權人的權利，如果董事不為此聲請而造成債權人權利受損，債權人可請求違反保護他人法律致生損害的賠償[114]。又如第794條規定損害鄰地地基或工作物危險之預防義務：「土地所

---

[111] 參照最高法院77年臺上字第1582號民事判決。

[112] 王澤鑑，前揭《侵權行為法㈠——基本理論 一般侵權行為》，p. 349。

[113] 梅仲協，《民法要義》，自刊，1954年初版，p. 141。

[114] 雖然本法第二項規定：「不為前項聲請，致法人之債權人受損害時，有過失之

有人開掘土地或為建築時，不得因此使鄰地之地基動搖或發生危險，或使鄰地之工作物受其損害。」⑮再如物權法上有關占有保護的規定，占有受侵害者，除可依民法第 960 條第一項自力救濟，以及第 962 條行使占有人的物上請求權外，因該等法條旨在保護他人占有的利益，因此被害人也可主張民法第 184 條第二項的損害賠償請求權⑯。其他如規定相鄰關係的民法第 774 條的「鄰地侵害的防止」，第 775 條的「流水權與排水義務」、第 777 條「設置屋簷排水之限制」、第 793 條的「氣響侵入之禁止」，以及第 795 條的「建築物或工作物傾倒危險之預防」等，也都被視為是保護他人的法律。而在刑法上保護他人的法律多為關於保護身體、財產及行為自由的規定，例如第 277 條的「傷害罪」、第 293 條的「遺棄罪」、第 302 條的「剝奪他人行動自由罪」，以及第 320 條的「竊盜罪」等，皆為適例。

　　保護他人為目的的法律，以特別法居多，在實務上常見的大致與交通、勞工與健康問題有關。裁判上將之認定為違反保護他人法律的情形，例如：

1. 道路交通管理處罰條例

　　第 17 條：自小客車未依規定定期檢驗（參照最高法院 89 年臺上字第 2092 號民事判決）、第 21 條第一款：未領有駕駛執照駕車（參照最高法院 83 年臺上字第 2944 民事判決，及 86 年臺上字第 3393 號民事判決）、第 26 條：逾期一年未參加職業審驗，仍駕駛車輛（參照最高法院 81 年臺上字第 803 號民事判決），以及第 28 條：汽車所有人，僱用或聽任無駕照者駕車（參照最高法院 67 年臺上字第 2111 號民事判決）。

2. 道路交通安全規則

　　第 89 條第一款：行車前應注意剎車、第 94 條第二項：前車如須減速暫停，駕駛人應預先顯示燈光或手勢告知後車（以上均參照最高法院 88 年臺上字第 1111 號民事判例）、第 103 條：汽車行近行人穿越道前，應減速

　　董事，應負賠償責任，其有二人以上時，應連帶負責。」屬於獨立的請求權，
　　但第 184 條第二項採推定過失原則，適用此條對被害人較有利。
⑮　參照最高法院 72 年臺上字第 3823 號民事判決。
⑯　參照最高法院 74 年臺上字第 752 號民事判決。

慢行讓行人優先通過（參照最高法院 89 年臺上字第 219 號民事判決）、第 122 條：腳踏車載物寬度不得超過把手，以及第 128 條：慢車在夜間行車，應燃亮燈光（以上均參照最高法院 66 年臺上字第 1015 號民事判例）。

3. 工廠法

第 7 條第七款、第 11 條、第 12 條：童工不得從事危險工作、超時工作（超過八小時），及夜班工作（晚間八時至隔日上午六時）（參照最高法院 56 年臺上字第 540 號民事判決）。

4. 飼料管理法

第 27 條第二項：販賣、輸出或意圖販賣而陳列或貯藏有害物質超過標準，間接危害人體健康、未取得製造或輸入登記證，或將他人合法製造、加工、分裝或輸入之產品抽換或摻雜的飼料或飼料添加物的處罰規定（參照最高法院 70 年臺抗字第 406 號民事判例）。

5. 水污染防治法

第 34 條：排放污水標準的規定（參照最高法院 72 年臺上字第 5141 號民事判決）。

6. 醫療法

第 46 條第一項：醫院手術應得病人同意的規定（參照最高法院 86 年臺上字第 56 號民事判決）。

7. 勞工保險條例

第 10 條第一項：各投保單位應為其所屬勞工，辦理投保手續及其他有關保險事務（參照最高法院 85 年臺上字第 3111 號民事判決）。

8. 勞工安全衛生法

本法為保護他人的法律（參照最高法院 77 年臺上字第 839 號民事判決）。

(二)被害人需屬於法律所欲保護的範圍

法院在審酌被害人得否依民法第 184 條第二項請求行為人負損害賠償責任時，須檢驗該被害人是否為該保護他人法律所欲保護的特定個人；換言之，被害人需屬於該法律所欲保護的範圍。其判斷的標準不一，但最簡

便的方式是以該法所保護的人，是否為法條中明確規範的人❶。例如：勞動基準法中有關女工與童工的超時工作與夜間加班的規定（第44條、第47至49條等），其所欲保護者為女工與童工，所以擁有此身分的人才享有民法第184條第二項的請求權。又如公司法第211條第二項規定：「公司資產顯有不足抵償其所負債務時，除得依第二百八十二條辦理者外，董事會應即聲請宣告破產。」所以公司除聲請重整外，當資產低於負債時，董事會應聲請破產以避免負債的擴大。該法所欲保護的特定人為公司的債權人，因此對其他因公司負債大於資產而未依法聲請破產致生損害的個人，並無法依侵權行為法請求公司賠償。再如刑法第272條第一項規定：「殺直系血親尊親屬者，處死刑或無期徒刑。」本法所欲保護的對象為直系血親尊親屬，倘若加害人非被害人的直系血親卑親屬，則不屬於本法所保護之人的範圍。此外，最高法院88年臺上字第1862號民事判決對勞工安全衛生法所保護的人作出解釋，該法之立法目的乃為防止職業災害，保障勞工安全與健康。依該法第2條第四項的規定，需引起勞工疾病、傷害、殘廢或死亡的結果，始有勞工安全衛生法的適用。所以，該法所欲保護的個人僅為勞工。

（三）被害人之損害需為法律所保護的權益

　　當被害人確定屬於法律所欲保護的個人範圍內後，應再進一步確認其所遭受的損害，是否為法律所欲保護的權益。換言之，如果被害人受損的法益為所有權，而其欲適用的法律所保護的權利卻為被害人的身體或健康（如刑法第277條第一項「傷害罪」），被害人便無法引用此法。例如，有關童工超時與夜間工作的規定已如前述，如果童工因超時工作操作機器導致身體受傷，儘管雇主對機器的設置無過失，但因違反勞基法或工廠法的規定仍無法免責，該童工有權向雇主請求損害賠償，因該等法律所欲保護的法益為童工之健康。然而，如果該童工受傷的原因為遭到不明人士攻擊，則此並非包含在勞基法等法律所保護的權益範圍，與規範目的無關，因童工在正常時間工作亦有可能發生此種危險，所以被害童工僅能向行兇的加害人請求損害賠償，此案與雇主無涉❶。又如最高法院70年臺上字第667

---

❶　姚志明，前揭《侵權行為法研究㈠》，pp. 50–51。

號民事判決：「依建築法第六十三條及第六十六條規定，建築物施工場所，應有維護安全、防範危險及預防火災之適當設備或措施，又五樓以上建築物施工時，應設置防止物件墜落之適當圍籬，該被上訴人等既不否認於上訴人出事以前，該工程並無設置圍籬等適當之安全措施，自已違反前開建築法有關保護他人之規定，依民法第一百八十四條第二項規定，應推定其有過失。」

　　關於法律所欲保護的範圍，一般是以受侵害的權益是否包括在法律所明確指出保護的客體範圍內，但有時實務上採用較廣義的解釋。例如，機車騎士未戴安全帽而發生車禍，致頭部嚴重傷害，或是汽車駕駛未繫安全帶而使損害擴大時，最高法院均認為違反道路交通管理處罰條例的規定，屬於違反保護他人的法律，因此推定有過失，進而推定被害人對於損害的發生或擴大，與有過失 ⑲。無庸置疑的，被害人的行為是造成損害擴大的原因，但道路交通管理處罰條例第 31 條第一項與第六項規定之目的，在於避免保護機車騎士與汽車駕駛車禍時遭遇重大損害，而非車禍之他方，所以應屬於保護「自己」權益的法律，而非保護「他人」的法律，最高法院的看法似乎不合法理。事實上對於損害的擴大，被害人的行為如果為其主因，加害人自得依民法第 217 條規定，主張被害人與有過失，而得以使被害人全部或一部的請求權因而消滅，與保護他人的法律並無關係 ⑳。

---

⑱　孫森焱，前揭《民法債編總論上冊》，p. 249。

⑲　最高法院 89 年臺上字第 490 號民事判決，以及最高法院 86 年臺上字第 3529 號民事判決。

⑳　陳聰富，《侵權歸責原則與損害賠償》，元照出版公司，2004 年 9 月初版一刷，pp. 91–92。

◉ 第四節　案例研究

▰▰ 案例一 ▰▰

　　小飛患有成骨不全症（俗稱玻璃娃娃）而無法像其他同學一樣上體育課，好心的阿偉邀他一起到地下室觀看其他同學上課，小飛高興的同意，於是便由阿偉抱他下樓，但因為地板濕滑，兩人不慎一同跌落樓梯，阿偉立即將小飛送醫急救，然而小飛送醫後仍因傷勢過重而不治死亡。小飛的父母傷心欲絕，決定向阿偉提出侵權告訴，阿偉需要負損害賠償責任嗎？

 解　析

　　本案涉及民法第 184 條第一項前段所規定的「侵害權利」類型的侵權行為。要確定加害人是否須負損害賠償責任，應就本類型之客觀與主觀要件分析之。客觀要件包括：(1)須有加害行為；(2)行為須不法且無阻卻違法的事由；(3)須侵害權利；(4)須有損害的發生，以及(5)加害行為與損害間有因果關係。阿偉的行為造成小飛的死亡的結果，有加害行為；該行為違反法律強制或禁止的規定，且不具任何阻卻違法的事由。小飛死亡，其所受侵害的權利為人格權中之生命權。最後，就因果關係而言，「若無」阿偉的行為，「則不」會發生小飛死亡的結果（條件關係）；且一般情形下，阿偉這種加害的行為，的確會對小飛這類病患造成此種損害的結果（相當性）。阿偉的行為符合客觀要件。

　　而在主觀要件方面，首先需確定阿偉行為時有責任能力，也就是否有

辨別能力。依阿偉的情形，應可清楚明白如果不慎，將會發生小飛跌落的危險，如此即有辨別能力。第二，阿偉的行為須出於故意或過失。阿偉並非明知並有意使其發生（直接故意），或預見其發生而其發生並不違反本意（間接故意）（刑法第 13 條），所以並非故意的行為。阿偉的行為是否為過失（應注能注意而不注意）（刑法第 14 條），在判斷上必須認定其「應注意」的程度。過失可區分為「重大過失」、「具體輕過失」、「抽象輕過失」三種程度。阿偉的行為出於善意，且對小飛並不具有契約或法律上的義務，也未因此受有利益，所以僅於重大過失之情況下始需負責（民法第 175 條）。因此，一般人如果在地板溼滑時不會抱玻璃娃娃下樓，阿偉的行為則會被認定有重大過失，而必須對小飛的死亡負損害賠償責任。

■■ 案例二 ■■

> 　　勇俊與喜善同在韓潮工廠上班，勇俊垂涎喜善的美色，趁機向喜善表示，願意照顧其家人的生活，並每月支付一筆生活費，條件是與他發生關係，而將來也會與其結婚。喜善因生活困難，便答應了勇俊的提議，但兩人發生幾次關係之後，勇俊卻遲遲不肯依約付錢。喜善很想依法討回公道，但是想想自己已經成年，又是自願與勇俊發生關係，不知是否能以民事訴訟請求勇俊賠償？

 解　析

　　本案當事人喜善自願與勇俊發生關係，足見勇俊的行為並非出於不法，所以無法依民法第 184 條第一項前段請求損害賠償；然而勇俊的行為可能構成同條第一項後段規定之「侵害利益」型態的侵權行為。該類型侵權行

為的目的，在於保護被害人權利以外的一切法律上的利益，但須以「違反善良風俗」為前提與判斷標準，而且加害人的行為須出於「故意」。所謂行為違反善良風俗的標準，應依當時社會的一般道德標準決定。在本案例中，勇俊利用喜善生活困難，竟然謊稱將和喜善結婚，誘使喜善和他發生關係，這樣的作法任何人都無法苟同，因此勇俊的行為便符合前述「背於善良風俗之方法，加損害於他人」的標準，所以喜善如果能夠證明勇俊的行為出於故意，便可依法請求損害賠償。

案例三

小葳結婚多年終於懷孕，夫家十分興奮，所以每日三餐加宵夜都以最上等的料理款待小葳，導致小葳體重迅速上升，腹中胎兒也有過重的傾向。產檢時，婦產科醫師富友並未告知胎兒過大在生產時可能發生的危險，而在臨盆時也順應小葳的意思，使用自然生產的方式為其接生。結果小孩過大無法由產道產出，造成所謂的「肩難產」。嗣後小孩雖然產出，但肩膀神經卻受到傷害，需要長期治療。小葳不甘心，於是向富友請求賠償，她能如願嗎？

 解　析

小葳如果要以「侵害權利」類型的侵權行為提出告訴，則必須舉證富友的行為有過失；但在實務上，有關專業的認定，病患並不容易證明醫師的醫療行為有過失。小葳應利用其他型態的侵權行為，如民法第 184 條第二項「違反保護他人法律」，請求富友賠償。本類型的侵權行為責任採用「過失推定」的原則，一但加害人違反保護他人之法律，造成他人的損害，即

須負賠償責任，被害人不需舉證加害人有過失。但是，如果加害人能證明其行為無過失，則不需負責；舉證責任因而倒置，由加害人負擔。本案中醫師富友的行為，明顯違反醫療法第 63 條：「醫療機構實施手術，應向病人或其法定代理人、配偶、親屬或關係人說明手術原因、手術成功率或可能發生之併發症及危險，並經其同意，簽具手術同意書及麻醉同意書，始得為之。但情況緊急者，不在此限。前項同意書之簽具，病人為未成年人或無法親自簽具者，得由其法定代理人、配偶、親屬或關係人簽具。」而醫療法的目的，在於保護病患在醫療行為中的生命身體安全，屬於「保護他人法律」應無疑問。因此除非富友能夠舉證自己無過失，否則必須賠償小葳的損失。

第四章

特殊侵權行為

第四章　特殊侵權行為

　　民法第 185 條至第 191 條之 3，學理上稱為特殊侵權行為，以資與前述的一般侵權行為有所區隔；然而何特殊之有，民法並未進一步明確的區分。基本上，民法所規範的十種特殊侵權行為，可約略分為四種類型：其一是以侵權行為主體的特殊性及是否結合他人行為作為歸類的依據，將第 185 條的共同侵權行為、第 186 條的公務員侵權行為，以及第 189 條的定作人侵權行為歸為「主體特殊之侵權行為」的侵權行為模式；其二是賠償義務人並非真正的侵權行為人，而是與之有特殊關係之人，依法規定須負連帶賠償責任或代負責任的情況，包括第 187 條的法定代理人責任及第 188 條的僱用人責任，此類可歸於「代負責任之侵權行為」。第三類的賠償義務人是因某些特殊的事實，而須負損害賠償責任的情形，且該事實並非因賠償義務人的行為所致，包括第 190 條的動物占有人責任及第 191 條的工作物所有人責任，此類可統稱為「特殊事實之侵權行為」；最後一種類型是以因從事危險性較高的事業或行為，而受法律課以特殊侵權行為責任的樣態，包括第 191 條之 1 至之 3 的商品製造人責任、動力車輛駕駛人責任，以及危險製造人責任，可歸類為「危險性行為從事者之侵權行為」。以下針對此四種類型的特殊侵權行為分別說明之。

◉ 第一節　主體特殊之侵權行為

一、共同侵權行為

(一)概　說

　　所謂共同侵權行為，是指二人以上的行為人共同不法侵害他人權利或利益的行為。共同侵權行為與普通侵權行為相異之處，在於數個行為人對

於被害人所受之損害，負有連帶賠償責任，此與一般侵權行為之行為人單獨負責的情況不同。民法第 185 條規定：「數人共同不法侵害他人之權利者，連帶負損害賠償責任；不能知其中孰為行為人者，亦同。」「造意人及幫助人，視為共同行為人。」由此規定分析，共同侵權行為可細分為三種型態，其一為數人共同不法侵害他人之權利的情況，稱為「共同加害行為」，屬於狹義的共同侵權行為。例如：某甲與某乙共同殺害某丙，甲乙二人即共同加害某丙的共同侵權行為人。其二為被害人不知數個參與加害的人中孰為真正行為人，是為「共同危險行為」，此乃準共同侵權行為。例如：甲乙丙三人共同毆打丁，其中一人以預藏的尖刀將丁刺死，如果無法確知丁的死亡是何人所為，則甲乙丙三人的作為成立共同侵權行為。最後，教唆（造意）行為人從事加害的行為，或給予相當的助力（幫助）助其完成加害行為的人，視為與行為人間成立共同侵權行為。例如：甲教唆乙對丙女進行性侵害，或在乙施暴時幫助壓制丙女，此時甲與乙為共同侵權行為人。以下針對此三型態共同侵權行為的成立要件與重要討論分析之。

(二)共同加害行為

如前所述，共同加害行為為數人共同不法侵害他人致生損害的情形，是共同侵權行為中最典型的樣態。其成立要件歸納分析如下：

1.行為人為數人

成立共同侵權行為的首要條件，便是行為人須有數人。如果行為人僅有一人，無論被害人有數人，或是造成多項損害，只能成立一般侵權行為，與共同侵權行為無關。

2.共同行為人均須具備侵權行為的要件

行為人須具備侵權行為的要件，才需要為其行為負賠償責任，此乃當然的道理；因此，數人間成立侵權行為，也應以各行為人均具備一般侵權行為的要件為前提，以符合侵權行為的原則。所以，利用無責任能力的人侵害他人權益的行為，僅能在有行為能力之行為人間成立共同侵權行為。相同的，數個行為人中有一人具有阻卻違法的事由，則僅於其餘的個人間成立共同侵權行為。例如：行為人甲向警方誣告乙對其有騷擾的行為，員

警不察竟將乙移送法辦，此時員警因執行職務行使權利而有阻卻違法的原因，與甲之間不成立共同侵權行為。一般侵權行為的成立，原則上必須行為人有故意或過失的行為，如果行為人中有欠缺此主觀要件的人，應排除在共同侵權行為之外。最高法院判例中說明：「依民法第一百八十五條第一項之規定，共同侵權行為人固連帶負損害賠償責任，惟同條項前段所謂共同侵權行為，須共同行為人皆已具備侵權行為之要件始能成立，若其中一人無故意過失，則其人非侵權行為人，不負與其他具備侵權行為要件之人連帶賠償損害之責任。」❶例如：甲乙丙三人結夥搶銀行，得手後搭乘計程車逃亡，如果計程車司機不知此三人為搶匪，且無意助其逃亡時，計程車司機無侵害他人的故意或過失，即非共同侵權行為人。

3. 共同侵權行為人之行為須有共同關係

所謂共同關係即為共同關聯性，是指「數人的行為共同構成違法行為的原因與條件，因而發生同一損害」❷。然而，此所稱的共同關聯性，在定義上應否與刑法第 28 條所規範的「共同正犯」（二人以上共同實施犯罪行為者，皆為共犯）的意義相當，有釐清的必要。刑法共同正犯的構成，必須是兩個以上的行為人，在主觀上出於共同的行為決意，並進而在客觀上實施依其角色所分配的行為（犯罪支配說）❸。共同關聯性是否需要具備類似的要件，學說與實務上有不同的見解，茲分析如下：

⑴主觀說

此說認為，數人對於違法行為有通謀或共同認識時，對於各行為所致的損害，應負連帶賠償責任；亦即各行為人間不僅需要行為的分擔，在主觀上更要有意思的聯絡，才足以構成共同侵權行為。例如：眾人謀議共同破壞某公司的器材以洩憤，參與人對侵權行為均有認識，此時眾行為人對該受害公司的損害負有連帶賠償責任；但如果參與人中之一人趁亂竊取公司的財物，因其他行為人並未對此部分與之有事先的意思聯絡，所以並不

---

❶　最高法院 22 年上字第 3437 號民事判例。

❷　孫森焱，《民法債編總論上冊》，自刊，2004 年 1 月修訂版，p. 276。

❸　林山田，《刑法通則（上冊）》，自刊，2002 年 12 月一刷，p. 56。

成立共同侵權行為。贊成此說的學者計有戴修瓚❹、梅仲協❺，以及鄭玉波❻等教授，而英美侵權行為法亦採此說。早期實務見解傾向採用主觀說，認為行為人間須有意思聯絡，方有共同侵權的適用，否則行為人僅需為自己的加害部分負責。例如：大理院 5 年上字第 1012 號民事判例：「各加害人無意思之聯絡，應各就所加害為賠償」、最高法院 20 年上字第 1960 號民事判例：「他人所有物而為數人各別所侵害，若各加害人並無意思上之聯絡，只能由加害人各就其所加害之部分，分別負賠償責任。」以及最高法院 55 年臺上字第 1798 號民事判例：「本件車禍係計程車與卡車司機駕駛不慎肇事，依司法院第二三八三號解釋，無共同過失之侵權行為，法院僅得就各該司機應負過失責任程度之範圍內，令其與僱用人連帶賠償。」而司法院第 2383 號解釋為「二人以上因共同之過失發生犯罪者，應各科以過失罪之刑，不適用刑法第二十八條條文，其判決主文毋庸為共同過失之宣示。」值得注意的是，依據民國 55 年的判例推論，所謂「意思聯絡」，必須以故意為必要，多數學者亦認為主觀說應僅限於故意的情況。然而，鄭玉波教授卻認為「有認識的過失」亦可成立共同侵權行為，例如，甲乙二人共抬重物登高，預見有墜落傷人之虞，但彼此間互相知悉均有不致墜落的自信，結果重物墜落壓傷被害人丙，此時甲乙預見損害的發生，卻自信不發生，是為有認識的過失（類似刑法第 14 條第二項）；所以，甲乙雙方僅須有對侵害結果有共同的認識，即可成立共同侵權行為❼。但此說僅為少數學者的看法，一般稱意思聯絡，仍應以故意為前提。

(2)客觀說

　　主張客觀說的學者認為，數人所為的不法行為，對被害人造成同一權益上的損害，縱然行為人間並無意思的聯絡，也不妨礙共同侵權行為的成立。客觀說的共同關係存在於數人所為的不法行為之上，所以數人的行為

❹　戴修瓚，《民法債編總論》，三民書局，1968 年，p. 207。

❺　梅仲協，《民法要義》，自刊，1954 年初版，p. 147。

❻　鄭玉波著，陳榮隆修訂，《民法債編總論》，三民書局，2002 年修訂二版，p. 189。

❼　鄭玉波著，陳榮隆修訂，前揭《民法債編總論》，p. 188。

結合而發生同一損害，或是各共同行為人個人行為均可能發生同一損害的情況，皆可認定為具備共同關係，而應負共同侵權行為的責任。換言之，有意思聯絡固然為共同侵權行為，但在欠缺意思聯絡，卻仍存有行為關連或共同行動時，亦不失為共同侵權行為。例如：甲乙在同一時間分別毆打丙，二人的單獨行為並不至於造成丙死亡，但二人行為的結合，即可產生死亡的結果，此時甲乙二人應負共同侵權行為責任。又如，甲乙二報分別刊登某女星遭人性侵害的照片，損及該女星的隱私權與名譽權，雖然二報的行為可獨立造成被害人的損害，但女星被害的法益僅有一項，所以甲乙的行為也構成共同侵權行為。反之，如果數人縱然有意思的聯絡，但其中某一行為不足為損害原因時，仍不成立共同侵權行為。例如，甲乙二人合意對丙開槍，甲擊中丙心臟，而乙卻未擊中，此時甲須單獨對丙負賠償責任，因乙並未造成丙的損害，所以不與甲組成共同行為人❽。

　　採客觀說的學者計有洪文瀾❾、胡長青❿、史尚寬⓫，以及王伯琦⓬等教授。客觀說的理論基礎，依王澤鑑教授所言，一是在法規的解釋上，民法第 185 條的規定，並未明定數行為人間須有意思聯絡，才有共同侵權行為的適用，因此不應限縮其範圍；其二是就現實社會的考量，如果認定無意思聯絡的共同侵害行為，即非共同侵權行為，則被害人將因舉證責任的附加而直接損及求償機會，於情於理皆非公平的處置⓭。基於此二項理由，主張客觀說的學者，對實務採用主觀說的批評日盛，終於促成我國最高法院第一次的變更判例。司法院 66 年 6 月 1 日例變字 1 號：「民事上之共同侵權行為，（狹義的共同侵權行為，即共同加害行為，下同）與刑事上之共同正犯，其構成要件並不完全相同，共同侵權行為人間不以有意思聯

---

❽　王澤鑑，《民法學說與判例研究第三冊》，臺大法學叢書，1988 年六版，p. 3。

❾　洪文瀾，《民法債編通則釋義》，自刊，1954 年，p. 137。

❿　胡長青，《中國民法債編總論》，臺灣商務印書館，1968 年，p. 154。

⓫　史尚寬，《債法總論》，自刊，1978 年，p. 166。

⓬　王伯琦，《民法債篇總論》，正中書局，1985 年 9 月第 12 次印行，p. 69。

⓭　王澤鑑，前揭《民法學說與判例研究第三冊》，p. 4。

絡為必要，數人因過失不法侵害他人之權利，苟各行為人之過失行為均為其所生損害之共同原因，即所謂行為關連共同，亦足成立共同侵權行為。最高法院民國 55 年臺上字第 1798 號判例應予變更。至前大理院民國 5 年上字第 1012 號及最高法院民國 20 年上字第 1960 號判例，則指各行為人既無意思聯絡，而其行為亦無關連共同者而言，自當別論。」由此可知最高法院修正以往所採用的主觀說的看法，改採客觀說，認為僅須損害同一，至於各行為人主觀上有無意思聯絡，在所不問。所以，多數人「過失」競合而造成一個權益的損害，所有參與的行為人應負連帶賠償責任。關於此點，最高法院 66 年臺上字第 2115 民事判例有相關的解釋：「數人因共同過失不法侵害他人之權利者，依法應負連帶賠償責任，苟各行為人之過失均為其所生損害之共同原因，即所謂行為關連共同，亦足成立共同侵權行為。本件加害人某甲之過失責任，縱較加害人某乙為輕，然對於被害人之賠償，則應與某乙負連帶責任，原判決僅按十分之三給付，尚有未合。」❶共同侵權行為的成立，應檢視各行為人的行為（過失或故意）是否均為造成損害的共同原因，亦即以客觀的角度觀察損害發生的原因與行為人行為的關聯性，主觀意思聯絡則非決定責任有無的依據。

(三)共同危險行為

　　數人共同不法侵害他人權利，而不能知其中何人為真正的加害人時，法律要求所有參與侵權行為的人，負擔連帶賠償責任；換言之，參與加害者雖有數人，但致生損害結果的加害只有一人或一部分人，但確實的加害人無從得知，此時所有參與權益侵害的行為人皆為共同侵權行為人，此即所謂的「共同危險行為」。共同危險行為並非純粹的共同侵權行為，因實際

---

❶　類似判例參照最高法院 67 年臺上字第 1737 號民事判例：「民事上之共同侵權行為（狹義的共同侵權行為，即加害行為）與刑事上之共同正犯，其構成要件並不完全相同，共同侵權行為人間不以有意思聯絡為必要，數人因過失不法侵害他人之權利，苟各行為人之過失行為，均為其所生損害共同原因，即所謂行為關連共同，亦足成立共同侵權行為，依民法第一百八十五條第一項前段之規定，各過失行為人對於被害人應負全部損害之連帶賠償責任。」

上損害非由全體參與人共同造成，所以又稱為「準共同侵權行為」。共同危險行為的設置理由，在於避免被害人因舉證困難而喪失求償機會，所以法律將所有參與人都視為具侵害的危險性，參與的數人之間無需有意思聯絡，只要有參與的行為，即需負共同侵權的責任。例如：甲乙丙丁四人均以同型的十字弓對戊射箭數發，其中僅有一箭射中戊的大腿，但卻無法得知此箭究竟為何人所射，此時若要求戊舉證孰為加害人，勢必影響被害人的求償能力，並不公平，所以依民法第 185 條第一項後段規定，擬制甲乙丙丁四人均應負共同侵權行為的連帶賠償責任。但如果加害人中有人能夠舉證自己並未為加害的行為，解釋上應認無侵害權利的危險性，所以行為與損害之間不具因果關係，如此將可免除損害賠償責任❶。如上例，如果甲可舉證其所使用的十字弓有瑕疵，其射程無法達到戊所在的位置，則甲對戊的損害，當免負賠償責任。

(四)造意及幫助

依據民法第 185 條第二項規定，造意人與幫助人視為共同侵權行為人。所謂「造意人」，定義應與刑法上所稱的「教唆犯」相當，是指勸誘原本無意從事侵權行為的人，使之決意侵害他人權益，導致被害人因而受損的人。「造意人」雖然類似刑法第 29 條第一項的「教唆犯」（教唆他人犯罪者為教唆犯），但刑法以處罰主觀犯意為主，所以無論被教唆者是否最終達到犯罪的目的，只要教唆行為成立，教唆者即須負刑法上的罪責（刑法第 29 條第二、三項）。然而，民法上的造意人須負共同侵權行為責任的前提，必須是被造意人因造意行為的唆使，而實施侵權行為，並因而造成被害人的損害（損害與造意行為之間具備因果關係）。所以，雖有造意行為，但卻未造成具體的損害，則無共同侵權行為的成立，此與刑法的規定不同。例如：甲唆使乙持槍搶劫某銀行，但乙並未得手即遭保全人員制服，該銀行因而未有任何損害，此時甲不負損害賠償責任。但如果在強盜時乙有破壞門窗的行為，則甲理應負連帶賠償責任，因甲應可預見乙的行為極有可能造成此種損害，所以甲的造意行為為損害之間有相當因果關係。然而，若乙強

---

❶　孫森焱，前揭《民法債編總論上冊》，p. 281。

盜時臨時起意強摸女行員私處（強制猥褻），則強盜的造意人甲不負共同侵權行為責任。另外，如果被造意者為無責任能力或無故意過失的人，此時雖然造成他人的傷害，但無責任能力或無故意過失的人欠缺可責性，無須負民事賠償責任，則造意人單獨負責，此為「間接侵權行為」❶⑥。

　　所謂「幫助人」也與刑法上的「幫助犯」意義相近，是指於他人為侵權行為之際，給予相當的助力，使其易於實施侵害行為的人。與「造意」的情況相同，幫助人只在被幫助人因幫助行為而侵害他人權益時，才構成共同侵權行為。關於幫助人的責任，常被討論的問題在於「事後幫助者」是否須負連帶賠償責任。例如，贓物（因侵害財產權的犯罪所得財物）的牙保（居間介紹有關買賣或寄藏贓物的行為）、故買（故意有償取得贓物之所有權）、收受（取得贓物之持有）、搬運（物成為贓物後加以搬移運送）、寄藏（為他人保管窩藏贓物）等行為，是否為竊盜、強盜、侵占等侵害財產權行為人的幫助人，進而成為共同侵權行為人？實務上採否定的看法；例如：最高法院認為，盜贓的牙保，是在他人犯罪完成後所為的行為，性質上難認與該他人共同侵害被害人的權利，所以牙保者與實施竊盜者不構成共同侵害行為。但盜贓的牙保，既然足以使被害人難於追回原物，因而發生損害，仍然成立對於被害人為另一侵權行為，倘若被害人因而受有損害，可依一般侵權行為之法則，請求牙保者賠償其損害❶⑦。因此，實務上認為牙保等行為乃事後行為，與原犯罪行為並無共同造成被害人損害的情況，不應與原行為成立共同侵權行為，無民法第 185 條第二項的適用，而是必須獨立為其侵害財產法益的行為，擔負民法第 184 條的賠償責任。又如最高法院 65 年臺上字第 838 號民事判例：「刑法第三百四十九條第二項之寄藏贓物行為為獨立犯罪（並非竊盜之幫助行為），贓物之寄藏，已在被害人因竊盜之侵權行為有損害之後，盜贓之寄藏人對被害人係成立另一侵權行為。與實施竊盜之人，不構成共同侵權行為。又被害人對於盜贓寄藏

---

❶⑥　林誠二，《民法債編總論──體系化解說（上）》，瑞興圖書公司，2000 年 9 月初版，p. 275。

❶⑦　參照最高法院 64 年臺上字第 1364 號民事判例。

人，依民法第九百四十九條及第九百五十六條之規定，亦可請求回復其物或請求損害賠償。」本判例明白指出寄藏贓物的行為在刑法上為獨立犯罪，在民法上亦為獨立的侵權行為，所以無須考慮共同侵權行為的問題；且被害人可主張盜贓遺失物的回復請求權（標的物存在），及對惡意占有人的損害賠償請求權（標的物已滅失或毀損），請求寄藏人負民事責任，無須依第185條第二項規定，要求寄藏人與竊盜者負連帶賠償責任。

竊盜等行為與牙保故買等行為，在時間上既然有先後的區別，而所侵害的法益也非絕對不可分，因此與共同侵權行為已發生同一損害為構成要件的情形不同，因此不構成共同侵權行為，應屬合理。但將眼光放大觀察整體事件，卻不難發現被害人的財產自遭竊盜等行為後，不論所有物遭他人藏匿、買賣、占有或是居間介紹買主，最終如果導致失去所有物且無法回復（民法第956條），其所受損害的權利也僅有所有權一項，此時與共同侵權行為成立要件中，多數人共同侵害而造成同一損害的情形並無不同❸。如果將牙保等行為由竊盜等行為中獨立，而要求被害人必須一一舉證方能求償，對被害人的保護或有未周。因此，實施牙保等行為的人雖非民法第185條第二項所稱的幫助人，無法要求其與行為人負連帶賠償責任，但仍可依同法第一項的規定成立共同侵權行為關係❹。

二、公務員之侵權行為

(一)概　說

公務員的侵權行為責任，規範在民法第186條第一項：「公務員因故意違背對於第三人應執行之職務，致第三人受損害者，負賠償責任。其因過失者，以被害人不能依他項方法受賠償時為限，負其責任。」而公務員責任的免除規定在第二項：「前項情形，如被害人得依法律上之救濟方法，除去其損害，而因故意或過失不為之者，公務員不負賠償責任。」以下就該規定之要點分析如下：

---

❸　孫森焱，前揭《民法債編總論上冊》，p. 283。

❹　林誠二，前揭《民法債編總論──體系化解說（上）》，p. 272。

(二)公務員之意義

民法第 186 條的行為人必須具有公務員身分，但所謂「公務員」，我國法律並無一致的定義，不同法律對公務員範圍的規範，其廣狹程度差距甚大，例如：

1. 刑　法

本法第 10 條第二項規定：「稱公務員者，謂下列人員：一、依法令服務於國家、地方自治團體所屬機關而具有法定職務權限，以及其他依法令從事於公共事務，而具有法定職務權限者。二、受國家、地方自治團體所屬機關依法委託，從事與委託機關權限有關之公共事務者。」依此規定，無論是文職武職、有給無給、選任聘任、中央政府或地方自治團體之人員，以及民意代表或公營事業之服務人員，甚或受政府委託機關的人員，均為公務員，此乃最為廣義的公務員定義。

2. 公務員服務法

本法第 24 條規定：「本法於受有俸給之文武職公務員，及其他公營事業機關服務人員，均適用之。」所以無論是文武職人員、政務官或事務官，民選或任用，以及公營事業人員，皆屬於公務員的範疇。但本定義因將公務員的範圍限制在有給職，故較刑法的定義嚴格。值得注意的是，司法院釋字第 308 號解釋，公立學校聘任之教師不屬於公務員服務法所稱之公務員。然而，兼任學校行政職務的教師，就其兼任的行政職務，則有公務員服務法之適用。

3. 公務員懲戒法

依第 9 條懲戒的內容觀之（公務員之懲戒處分分為：撤職、休職、降級、減俸、記過，及申誡），解釋上本法所適用者應限於有職等的公務員；又因軍職人員另適用於陸海空軍懲罰法 ❷，所以公務員懲戒法的範圍僅指文職人員。因此，本法對公務員的定義，較上述二法狹隘。

---

❷　軍人雖不適用公務員懲戒法，但司法院釋字 262 號解釋謂：「監察院對軍人提出彈劾案時，應移送公務員懲戒委員會審議。至軍人之過犯，除上述彈劾案外，其懲罰仍依陸海空軍懲罰法行之。」可供參考。

4. 公務人員任用法

本法第 5 條第一項與第二項規定：「公務人員依官等及職等任用之。官等分委任、薦任、簡任。」本法的公務員僅指文職簡、薦、委各官等的事務官而言，故為最狹義的公務員。

以上各法有關公務員的定義，因其適用的時機與對象而有不同的範圍；究竟何者可作為民法第 186 條的公務員定義，以往通說以相對廣義的公務員服務法上的意義為準❷。然而在國家賠償法公佈實施後，因其規範與公務員之侵權行為有直接的關連，因此目前無論實務或學術上，均以國家賠償法對公務員的定義解釋民法上的「公務員」。國家賠償法第 2 條第一項規定：「本法所稱公務員者，謂依法令從事於公務之人員。」同法第 4 條規定：「受委託行使公權力之團體，其執行職務之人於行使公權力時，視同委託機關之公務員。受委託行使公權力之個人，於執行職務行使公權力時亦同。」此定義囊括公務員的所有可能性，類似刑法上的定義，為最廣義的解釋。

(三)公務員侵權行為之種類

1. 職務範圍外的侵權行為

公務員在職務範圍外的行為，屬於其私領域的活動，與其公務員的身分無關，所以無適用民法第 186 條的餘地，而是應依其侵權行為的性質，依民法第 184 條的一般侵權行為，或其他特殊侵權行為的規定定其賠償責任。值得注意的是，公務員與政府間雖為公法上之關係，若公務員於執行公務時，假藉公務上的權力，故意不法侵害所服務機關私法上的權利，仍可成立侵權行為❷。例如公務員利用機關新建工程的機會，高價由某廠商承攬以收取回扣圖利，因而造成機關的受損，該公務機關可依民法第 184 條，向違法的公務員請求損害賠償。

---

❷ 孫森焱，前揭《民法債編總論上冊》，p. 284；鄭玉波，前揭《民法債編總論》，p. 192；邱聰智，《新訂民法債編通則（上）》，自刊，2003 年 1 月新訂一版，修正版，p. 201；黃立，《民法債編總論》，元照出版公司，2002 年 9 月二版三刷，p. 289。

❷ 參照最高法院 70 年臺上字第 1561 號民事判例。

2. 職務範圍內的侵權行為

(1)私法上的行為

公務員雖執行職務範圍內的行為，但該行為屬於私法行為時（例如公務員代表行政機關與第三人成立買賣、借貸、租賃等債權契約），若因而侵害他人權益，原則上應將公務員視為行政機關的僱員，與機關間成立類似僱傭的關係，而此時公法人應立於準私法人的地位。因此，公務員應依民法第 184 條自負損害賠償責任，如該公務員為法人代表時，國家則應依民法第 28 條法人董事或其他有代表權之人的侵權行為之規定，與公務員負連帶賠償責任（自己責任）。公務員執行職務內的私法行為，但並非為代表法人的行為時，國家責任的法源依據，則應適用民法第 188 條僱用人之侵權行為責任，與公務員負連帶賠償責任（代負責任）。

(2)公法上的行為

我國憲法保障人民權利免受公務員違法的侵害，對於侵害的行為，憲法第 24 條明定公務員與國家的賠償責任：「凡公務員違法侵害人民之自由或權利者，除依法律受懲戒外，應負刑事及民事責任。被害人民就其所受損害，並得依法律向國家請求賠償。」本條所規定的侵害行為，依最高法院的解釋，是指公務員執行公法上的職務而侵害他人權利的行為；公務員的民事責任，則為民法第 186 條的責任㉓。至於憲法所謂的國家賠償責任，應依法律有無明文而決定被害人請求權的存在與否。相關法律中一般人較為熟知的，有國家賠償法（第 2 條第二項）與冤獄賠償法（第 16 條第一項）㉔，其他尚有土地法第 68 條㉕，以及警械使用條例第 11 條㉖等法可

㉓　參照最高法院 67 年臺上字第 1196 號民事判例：「公務員因故意違背對於第三人應執行之職務，致第三人之權利受損害者，負賠償責任，其因過失者，以被害人不能依他項方法受賠償時為限，負其責任，固為民法第一百八十六條第一項所明定。本條所定公務員執行之職務，既為公法上之行為，其任用機關自無民法第一百八十八條第一項或第二十八條（舊）規定之適用。」

㉔　冤獄賠償法第 16 條第一項：「賠償經費，由國庫負擔。」

㉕　土地法第 68 條第一項前段規定：「因登記錯誤遺漏或虛偽致受損害者，由該地政機關負損害賠償責任。」

供參考。值得注意的是，被害人如向國家請求賠償而得以滿足，即不得再向違背職務的公務員重複請求。

㈣公務員侵權行為之成立要件

1.須違背應執行的職務

檢驗公務員的行為是否不法，是被害人適用民法第 186 條第一項的前提；而判斷公務員所為之行為的不法性，則以其是否違背應執行的職務為準。公務員依法從事其應盡的義務，儘管造成他人的損害，也不構成侵權行為，而應視為公法人的行為，人民對此處分有所不服，應循法定的救濟途徑解決。例如：地方公務機關接獲違章建築的舉發，動用公權力將違建拆除的行為，如果執行過程中未超出必要的手段，公務員雖造成違建戶的損失，也毋須擔負賠償的責任；違建戶如對此處分不服，則應依訴願與行政訴訟的方式尋求救濟。公務員應執行的職務，限於公法上的職務（已如前述），乃因法律、命令、內部指令以及一般法律原則而產生；例如：各機關所定的服務規則、公務員服務法所規定的義務、營業秘密法所明定的公務上保密義務（該法第 9 條第一項）等。至於違背的方式，包括作為與不作為。前者指公務員積極的利用其所執行公權力之便，逾越權限或濫用職權，侵害他人權利與利益而言；例如：枉顧法律的違法判決，或是不當的行政處分等，均為作為型態的公務員侵權行為。不作為是指公務員消極的不盡對人民應執行的職務，且公務員依法並無不作為的裁量餘地時，如因而造成人民權益的受損，便構成公務員侵權行為；例如：對於土地登記的聲請，故意不為登記，或是執勤員警見被害人遭歹徒襲擊而不加阻止等行為是。

2.須造成第三人的損害

此所謂的第三人，是指與公務員應執行的職務有利害關係的人；亦即指在公務員權利範圍內，因執行職務而直接或間接受影響的人，例如訴訟

---

❷ 警械使用條例第 11 條第二項前段規定：「警察人員執行職務違反本條例使用警械規定，因而致人受傷、死亡或財產損失者，由各該級政府支付醫療費、慰撫金、補償金或喪葬費。」

當事人之於承審法官、聲請登記之聲請人之於地政機關承辦人員，或是納稅義務人之於稅捐機關人員等。所以，此第三人的損害賠償請求權的發生，必定是損害與公務員違背應執行職務的行為之間，具有因果關係為前提，而因果關係的有無，則應視公務員所執行的職務是否與第三人間有相當的利害關係。如果第三人所獲得者僅為「反射利益」，則公務員縱有違背職務的行為，也不能認定此「第三人」的權益遭受直接的損害。法律有時雖設有利益保障，但不當然賦予當事人權利。如：空氣污染防制法或食品衛生管理法等，授權國家為國民健康權的維護行使一定公權力，但並不賦予個人有直接的請求權。而人民因國家防制或管理得當所生之利益，稱為「反射利益」，而非權利。因此主管機關執行相關業務的公務員，負有檢查工廠污染防制或食品衛生設備的義務，如違背應執行的職務而發生意外時，遭受損害的被害人並無法直接對公務員提出損害賠償的請求。至於公務員怠忽職務的部分，應依公務員服務法或刑法瀆職罪論其責任。

3. 公務員違背職務的行為應基於故意或過失

⑴公務員故意的行為

公務員故意違背對第三人應執行的職務，致第三人的權利與利益受損時，該被害人無論是否能依他項方法請求賠償，公務員均應依民法第186條第一項前段的規定，擔負損害賠償責任。

⑵公務員過失的行為

公務員的侵害行為若是基於過失，依第186條第一項後段的規定，公務員的賠償責任限制在被害人無其他方法可得賠償時，才能向公務員請求。換言之，如果有其他法律所規定的救濟途徑時，被害人必須先依法向國家或政府機關請求賠償，不得直接向有過失的公務員請求；而唯有在別無受賠償的方法，或是雖有方法卻未能受償時，公務員才有賠償的責任。國家若已對被害人提出賠償，原則上公務員的侵權行為責任便告消滅。例如：國家賠償法第2條第二項規定：「公務員於執行職務行使公權力時，因故意或過失不法侵害人民自由或權利者，國家應負損害賠償責任。公務員怠於執行職務，致人民自由或權利遭受損害者亦同。」依此，國家對公務員侵權

的行為負有損害賠償的責任，如果公務員的行為乃基於過失，被害人須先向國家提出國賠的請求，無法如願受償時，對過失之公務員方有請求權。值得注意的是，如果公務員的行為出於故意，被害人依法不需先向國家要求賠償，此時被害人對公務員與國家的損害賠償請求權並存，並無先後的差別。但不論公務員的侵權行為是基於故意或過失，如果國家已依國家賠償法支付損害賠償，公務員不負賠償責任。國家給付賠償金後，原則上不得向公務員求償，但如果公務員有故意或重大過失時，國家則有求償權，但此請求權時效僅有二年(國家賠償法第 2 條第三項，以及第 8 條第二項)。第 186 條第一項後段乃為減輕公務員責任的優遇規定，旨在加重國家責任以保護公務員，在現今強調社會公平的氛圍下，本規定是否合理，確實有商榷的餘地。

(3)公務員責任的免除

民法第 186 條第二項規定，對於公務員故意或過失侵權行為，如果被害人得依法律上的救濟方法除去損害，但因故意或過失不採行此類方式時，公務員的賠償責任就此免除。所謂「救濟方式」，實務上並不以法律明文規定之救濟方法為限❷，但常見者多為法律所明定，例如：行政處分之訴願與行政訴訟，或是對法律的裁判或裁定可提請上訴或抗告。所以，對於法官的誤判，當事人可依民事或刑事訴訟程序提起上訴，但如果當事人因故意或過失未於法定上訴期間內（刑事訴訟法規定上訴期間為 10 日，民事訴訟法則規定 20 日，自判決書送達後起算）提出，則判決即發生效力，承審法官縱有故意，當事人亦無從請求其擔負損害賠償的責任。被害人如不積極謀求救濟的途徑，或明知有途徑卻怠於利用，與放棄權利的情況相當，所以法律無須再對其加以保障，而應相對免除公務員的侵權賠償責任。

三、定作人之侵權行為

㈠概　說

民法第 189 條規定:「承攬人因執行承攬事項,不法侵害他人之權利者,

---

❷　參照最高法院 71 年臺再字第 55 號民事判決。

定作人不負損害賠償責任。但定作人於定作或指示有過失者，不在此限。」定作人與承攬人間的法律關係，因承攬契約所生，民法第 490 條第一項規定：「稱承攬者，謂當事人約定，一方為他方完成一定之工作，他方俟工作完成，給付報酬之契約。」依約定為他人完成一定工作的人稱為「承攬人」，而約定他人完成一定工作後給予報酬者，則為「定作人」。承攬人與定作人之間處於平等的契約關係，承攬人獨立為定作人完成工作之人（即英美法上所謂的 independent contractor），並非定作人的受僱人（排除民法第 188 條的適用）；承攬人多為具有特別技術者，定作人無力指導或支配其所承攬的工作，因此定作人並無指揮監督承攬的權利，所以對承攬人所造成的侵權結果，法律也就不苛求定作人須擔負任何損害賠償的責任。但第 189 條定有例外規定，當定作人對承攬人的工作於定作或指示有過失，因而造成他人損害時，定作人仍須擔負賠償的責任，如此便導出定作人的特殊侵權行為責任。

㈡定作人責任之成立要件

1. 須承攬人執行承攬事項所為之侵權行為

本要件可分為兩點說明：第一，承攬人的行為需符合民法第 184 條所規定一般侵權行為的構成要件，才能確認定作人須負賠償的責任。應注意的是，第 189 條所保護的法益，僅限於「權利」，所以承攬人所為之侵權行為，應排除第 184 條第一項後段的「利益的侵害」的模式，而僅為「權利的侵害」與「違反保護他人的法律」之行為。因此，在定作人無定作或指示過失時，承攬人應獨立依第 184 條第一項前段或第二項的規定，對被害人負損害賠償的責任。第二，承攬人所為之侵權行為，需發生在執行承攬事項之時。如果承攬人並非執行承攬事項而不法侵害他人權益，基本上與承攬人的身分無關，應認定為一般的侵權行為，無須適用第 189 條的規定，如此也不產生定作人的責任。

2. 定作人於定作或指示有過失

定作人須對承攬人的侵權行為間接負擔責任的最重要關鍵，是因為在定作或指示承攬人執行承攬事項時有過失，如此才會打破定作人不負責任

的原則規定。依實務上的解釋，所謂定作有過失，指的是「定作之事項具有侵害他人權利之危險性，因承攬人之執行，果然引起損害之情形」；而指示有過失者，是指「定作並無過失，但指示工作之執行有過失之情形而言」❷。一般而言，「定作」有過失的情形，多發生在定作人在定作當時明知或應知有危險發生的可能性，但仍要求承攬人從事該項工作，終於導致損害的結果；例如，定作人委託承攬人在土質鬆軟的山坡地建築房屋，致建物在颱風中墜落山谷，或是為高層建築物時，工程之施工挖土足以動搖損壞鄰地房屋。但定作人未能注意其委託的承攬人並未具備防止鄰地受損的能力，因而造成鄰地所有人的損害。怠於此注意即為定作有過失❷。至於「指示」有過失，乃是定作人在承攬人執行承攬事項的過程中，有錯誤指示的情形，並因此造成他人的受損；例如：定作人指示承攬人建築橋樑時偷工減料，以較細的鋼筋取代政府規定的規格，導致橋樑斷裂，或是定作人為趕時間，指示承攬的搬家公司超速運送傢俱，因而撞傷路人。值得注意的是，法律並未於第 189 條訂定類似第 187 條或第 188 條過失推定的規定，所以定作人的過失須由被害人舉證，此舉證責任並未倒置。

3. 定作人的過失與損害間有因果關係

定作人與定作或指示有過失，但如果承攬人的侵權行為，並非肇因於定作人錯誤的定作與指示，則難謂定作人的行為與被害人的損害之間具有因果關係。此時應適用第 189 條前段，承攬人須自負侵權行為責任（適用第 184 條），定作人不負賠償責任。

㈢定作人與承攬人之責任分配

如前述，承攬人執行承攬事項而有侵權行為時，承攬人原則上自負民法第 184 條第一項前段與第二項後段之損害賠償責任；倘若定作人於定作或指示有過失，也應負賠償責任。然而定作人有過失時，承攬人是否應有故意或過失，才有第 189 條的適用，不無疑問。對此，學者多採肯定說，如鄭玉波教授認為，在定作人之定作與指示有過失，而承攬人無過失的情

---

❷　參照最高法院 86 年臺上字第 2320 號民事判決。

❷　參照最高法院 74 年臺上字第 1458 號民事判決。

形下，定作人無異以承攬人為機械而自為侵權行為，定作人應依一般侵權行為負責，所以並不在第 189 條規範之內 **⑩**。孫森焱教授也認為，如果承攬人對於侵害他人權利的行為，是依定作人之定作或指示而為，承攬人並無故意或過失，則承攬人不負侵權行為責任，定作人則因利用承攬人之行為侵害他人權利，應單獨負賠償責任 **⑪**。因此，第 189 條後段的規定乃針對定作人與承攬人均有主觀可責性的情況而言。若此，被害人應分別向定作人與承攬人求償，或是定作人與承攬人負有連帶賠償責任，第 189 條並未明定。一般認為，定作人與承攬人的關係，近似第 185 條的共同加害行為人，所以兩者應連帶負賠償責任。

第 189 條雖以定作人與承攬人間的特殊關係為規範目的，但卻不如其他特殊侵權行為般具有獨特性；換言之，縱然無第 189 條的規定，被害人仍可依第 184 條與第 185 條得到賠償，其結果與適用第 189 條並無不同。因此，有些學者認為本條僅為注意規定（如孫森焱、鄭玉波）；有些學者則認為本條乃為凸顯承攬關係不適用第 188 條的僱傭關係，所以仍具有正面意義，而將之列為便宜的規定 **⑫**。

◉ 第二節　代負責任之侵權行為

一、法定代理人之責任

㈠概　說

民法有關法定代理人的責任規定在第 187 條，主要規範法定代理人對於無行為能力人或限制行為能力人（欠缺完全行為能力人）的侵權行為所應負的責任，而非法定代理人本身的侵權責任。法定代理人本身如果也有侵權的事實，則應依民法第 184 條負責，或是與欠缺完全行為能力人連帶

---

⑩　鄭玉波著，陳榮隆修訂，前揭《民法債編總論》，p. 212。

⑪　孫森焱，前揭《民法債編總論上冊》，p. 307。

⑫　邱聰智，前揭《新訂民法債編通則（上）》，p. 203。

擔負第 185 條的共同侵權行為責任。所以法定代理人的責任，基本上是一種代負責任，並非自己的責任，然而其歸責原則為何，有學者（如林誠二教授）主張，法定代理人實際並無侵權行為，卻須代負欠缺完全行為能力人的侵權責任，所以法定代理人所負之責為「無過失責任」，至於第 187 條第二項有關責任免除的規定（法定代理人如其監督並未疏懈，或縱加以相當之監督，而仍不免發生損害者，不負賠償責任），僅為免責條件的特別規定，並非規定法定代理人對被害人的過失責任❸。但也有學者（如王伯琦教授）認為，因法定代理人負有監督欠缺完全行為能力人的義務，倘若受監督者不法侵害他人的權益，法定代理人理應擔負過失未善盡監督的責任，而有損害賠償之責；反之，監督若無疏懈，則無過失可言，也就不生賠償責任。所以此責任的起源，乃基於法定代理人的故意或過失，是一種「過失責任」。至於第 187 條第三項僅為舉證責任倒置的特別規定，並不影響法定代理人的過失責任❹。目前多數學者（如孫森焱、鄭玉波、邱聰智，以及姚志明等教授）不採無過失責任說與過失責任說，認為法定代理人的責任乃介於無過失與過失之間，因法定代理人的監督過失雖非造成侵權行為的直接原因，兩者間也不存在絕對的因果關係（類似於無過失責任），但法定代理人須負賠償責任的前提，必須是監督有所過失（類似於過失責任），所以賠償責任與其本身的過失之間，仍存有相當的關聯，因此應將法定代理人的責任定位為「中間責任」，以資與無過失責任及過失責任區別❺。此為通說。

　　第 187 條共分為四部分：其一為「法定代理人的連帶責任」，第一項前段規定：「無行為能力人或限制行為能力人，不法侵害他人之權利者，以行

---

❸　林誠二，前揭《民法債編總論——體系化解說（上）》，p. 236。

❹　王伯琦，前揭《民法債篇總論》，p. 87。

❺　有關「中間責任」的討論參見孫森焱，前揭《民法債編總論上冊》，p. 291；鄭玉波著，陳榮隆修訂，前揭《民法債編總論》，p. 202；邱聰智，前揭《新訂民法債編通則（上）》，p. 204；姚志明，《侵權行為法》，元照出版公司，2005 年 1 月初版，p. 112。

為時有識別能力為限，與其法定代理人連帶負損害賠償責任。」其二為「法定代理人的單獨責任」，第一項後段規定：「行為時無識別能力者，由其法定代理人負損害賠償責任。」其三為「法定代理人責任的免除」，第二項規定：「前項情形，法定代理人如其監督並未疏懈，或縱加以相當之監督，而仍不免發生損害者，不負賠償責任。」最後為「行為人與法定代理人的衡平責任」，第三項規定：「如不能依前二項規定受損害賠償時，法院因被害人之聲請，得斟酌行為人及其法定代理人與被害人之經濟狀況，令行為人或其法定代理人為全部或一部之損害賠償。」另有第四項規定：「前項規定，於其他之人，在無意識或精神錯亂中所為之行為致第三人受損害時，準用之。」藉以適用衡平原則。以下就此四部分分別說明。

㈡法定代理人之連帶責任

第 187 條規定的法定代理人責任，原則上是與欠缺完全行為能力人負連帶的賠償責任，也就是被害人可向法定代理人或欠缺完全行為能力人，同時或先後請求損害賠償額全部或一部的給付。法定代理人連帶責任的成立要件如下：

1.須為欠缺行為能力人的法定代理人

確定此連帶責任的首要條件，必須確認賠償義務人，是否具有無行為能力人或限制行為能力人之法定代理人的身分，也就是法定代理人負有監督欠缺完全行為能力人的義務，始有本條的適用。至於確認的標準，則須依法律的規定為準。例如民法第 1086 條規定父母為其未成年子女之法定代理人 ❸❻，以及第 1098 條規定監護人為受監護人之法定代理人等。民法上規

---

❸❻ 父母一方暫時停止監督權的行使，則無須為其未成年子女的侵權行為負責賠償；參照最高法院 80 年臺上字第 1327 號民事判例：「父母對於未成年子女，有保護及教養之權利義務，為民法第一千零八十四條第二項所明定。此項因身分關係所生之權利義務，性質上固不得拋棄，但夫妻協議離婚後，關於子女之監護，依民法第一千零五十一條之規定，原則上由夫任之，亦得約定由一方監護。於此情形下，他方監護權之行使，即暫時停止。此與親權之拋棄尚屬有別。監護權之行使暫時停止之一方，既無從對於未成年子女為監督，當然不能令其就該未成年子女之侵權行為負責賠償。至原判決所贅列其他理由，無論是否允

定父母或監護人具有法定代理人身分，因此有第 187 條的適用，但民法另有規定「父母對其未成年之子女，得因特定事項，於一定期限內，委託他人行使監護之職務」（民法第 1092 條），例如學校老師、托兒所的褓母、精神醫療院所的看護、宿舍舍監等。此類人士雖在契約上負有監督的義務，但究竟並非純正的法定代理人，一般認為不具法定代理人地位，因此無需依第 187 條負賠償責任。

2. 須欠缺行為能力人具備侵權行為的客觀要件

欠缺行為能力人須具備一般侵權行為的客觀要件，也就是須有加害行為、行為須不法且無阻卻違法的事由、須侵害權利[37]、須有損害的發生，以及加害行為與損害之間有因果關係。欠缺客觀要件時，無行為能力人或限制行為能力人的行為未構成侵權行為，自然無需負責，而法定代理人亦無連帶責任可言。

3. 須欠缺行為能力人有識別能力

有關識別能力的說明，已於討論一般侵權行為主觀要件時敘明，不再贅述。第 187 條的第一項前段的規定，是以欠缺完全行為能力人的識別能力，作為成立責任的基本要件，但仍應注意故意或過失的有無，也就是必須符合構成侵權行為的主觀要件。欠缺完全行為能力人具有識別能力且有故意或過失時，法定代理人必須負連帶賠償責任，但如欠缺完全行為能力人有識別能力，但無故意過失時，法定代理人的責任如何，則有討論的必要。對此問題，孫森焱教授認為，無行為能力人或限制行為能力人若欠缺主觀或客觀要件，法定代理人即無賠償責任[38]；鄭玉波教授也認為，無行為能力人與限制行為能力人須具備侵權行為的主觀要件後，法定代理人的

當，要與裁判之結果，顯無影響。」

[37]　第 187 條所稱之「權利」，依王澤鑑教授之見，應包括故意以背於善良風俗加損害於他人的侵害，故侵害之客體為利益，亦構成本條的適用，並舉實務上最高法院 52 年臺上 2370 號民事判決證明之。王澤鑑，前揭《民法學說與判例研究第三冊》，p. 133。

[38]　孫森焱，前揭《民法債編總論上冊》，p. 293。

連帶責任始成立❸；依這些看法分析，欠缺完全行為能力人有識別能力，但無故意過失時，其行為因不具侵權行為的主觀要件，所以不構成侵權行為，法定代理人因而無連帶賠償責任可言。然而邱聰智教授的看法不同，認為解釋行為能力欠缺人侵權責任的成立，仍須以故意或過失為歸責要件，不能以有責任能力（識別能力），即成立侵權行為。但對於法定代理人的責任，邱教授的看法是應類推適用第187條第一項後段，亦即須由法定代理人單獨負損害賠償責任❹。本書認為，第187條的設計，基本上是推定法定代理人的賠償責任，無過失主義的意味濃厚，而其第三項又有衡平責任的規定，立法者似乎傾向加強對被害人的保護，由此觀之，以邱教授的看法較為適當。

(三)法定代理人之單獨責任

　　如果欠缺完全行為能力人在行為時無識別能力，但卻具備侵權行為的客觀要件時，法定代理人應單獨負賠償的責任。行為人無識別能力，則無故意或過失，主觀要件均不具備，所以不需負責。法定代理人因其監督的過失，所應負的責任為中間責任，在欠缺完全行為能力人因無責任能力無需負責的情況下，僅法定代理人單獨賠償，以對其怠忽監督義務的行為負責。

(四)法定代理人之免責

　　欠缺完全行為能力人不法侵害他人權利的原因，通常與法定代理的疏於管教脫不了關係；所以法律基於此一狀況，認定無行為能力人或限制行為能力人在客觀上具備侵權行為要件時，即推定法定代理人的監督有過失，無需被害人負舉證的責任。換言之，「法定代理人對無行為能力人或限制行為能力人之侵權行為，以負責為原則，免責為例外，故民法第一百八十七條第二項所定免責要件，應由法定代理人負舉證之責。」❹此為法定代理人過失的推定。所以，被害人如能證明欠缺完全行為能力人行為時有識別能

---

❸　鄭玉波著，陳榮隆修訂，前揭《民法債編總論》，p. 200。

❹　邱聰智，前揭《新訂民法債編通則（上）》，p. 206。

❹　參照最高法院72年臺上字第953號民事判決。

力，並符合故意或過失的要件，即可請求法定代理人與其負連帶賠償責任；如果行為時無識別能力，則可請求法定代理人單獨負責。但是，法定代理人並非絕對必須為其未成年子女或受監護人代負賠償之責，如果法定代理人能夠證明其監督並未疏懈，或縱加以相當之監督，而仍不免發生損害，則可免除賠償責任。這就是舉證責任的倒置。「監督並未疏懈」，指的是未因故意或過失違反監督的義務；而「縱加以相當之監督而仍不免發生損害」，則是指監督與損害之間不存在因果關係。分別說明之：

1. 監督並未疏懈

希望舉證監督行為無過失，在實務上並不容易，學界也多主張疏懈與否的標準應從嚴訂定。例如，有學者主張法定代理人不但應證明其對損害的發生已盡監督的義務，且應證明對受監督人的生活已為全面性的監護，如此才有免責的可能 ❷。也有學者由社會公平的角度立論，認為在我國的情形，未成年人大多身無恆產，不論有無責任能力，縱然依法須負賠償責任，實際上被害人的債權也難以得到滿足。因此如果法定代理人得以輕易免除責任，則與第 187 條的立法意旨不合，所以應從嚴解釋免責的標準 ❸。但也有學者採用較中庸的客觀標準，認為應就法定代理人的地位、資力，以及受監督人的性格、性別、年齡及精神狀況加以決定，不能一概而論 ❹。本書以為，法官在進行判決時，當然須採中庸的客觀標準，依個案的特殊性加以判斷，不應拘泥在某一預先訂立的假設立場，如果一味的將天秤向被害人傾斜，也非公平的裁決。然而，目前實務上仍以嚴格的標準看待法定代理人的責任，雖偶有舉證免責成功的案例，但似乎僅為少數個案，且並非主流的看法。例如，最高法院曾經判決未成年人在外居住，受僱於他人，法定代理人縱加以監督，亦因鞭長莫及而不免發生損害，因此無依第 187 條負責之理 ❺。但類似的案件卻有不同的結論。在最高法院 52 年臺上

---

❷　孫森焱，前揭《民法債編總論上冊》，p. 293。

❸　王伯琦，前揭《民法債篇總論》，p. 88。

❹　鄭玉波著，陳榮隆修訂，前揭《民法債編總論》，p. 201。

❺　參照最高法院 54 年臺上字第 2705 號民事判決。

字第 2370 號民事判決中，十八歲之未成年人在外居住，與有夫之婦通姦，法院即認為該被告有識別能力，而其法定代理人亦無免責的事由，因此判決法定代理人應依第 187 條負責。而其他常見的案例中，均未能舉證免責，法院的理由大多不脫幾項標準：

(1)法定代理人平時即應對其所監護的人，預為防護不參加危險活動的教誡，以免意外的發生，儘管受監護人操行良好，亦無法依此證明法定代理人的監督並未疏懈❹。

(2)未成年人之父母對未成年子女有保護及教養的權利與義務，當然負監督之責，不能以已將監護權暫時委託於他人而主張免責❹。

(3)法定代理人的監督，不僅指平常的管教，應兼指具體加害行為之防範。因此，法定代理人平時家教雖嚴，但對具體加害行為疏於監督者，仍不能免責，事後補救行為，也不得作為免除責任的理由❹。

(4)法定代理人對於其未成年子女，如自始即注意教養勤加監督，不稍疏懈，當不致發生侵權事端，雖構成侵權行為時縱已遠離家庭，法定代理人無從對其行為加以注意監督，究與未懈於監督及縱加以相當之監督仍不免發生損害之情形有間❹。

以上標準傾向以嚴格的態度規範法定代理人的責任，似乎承襲與移植中國古訓「養子不教父之過」的道德準則，因此對法定代理人的義務要求，已近乎道德的制裁，而法定代理人舉證不易的現象，更使第 187 條的中間責任成為實際上的無過失責任。為追求法律的公平原則，法院在評斷法定代理人是否疏於善盡監督義務時，仍應以客觀的角度觀察，依不同的個案進行全面性的判斷，並將法定代理人的經濟狀況與社會地位等背景因素納入考量，如此方能真正符合本條立法的精神。

2. 縱加以相當之監督而仍不免發生損害

---

❹　參照最高法院 44 年臺上字第 450 號民事判決。

❹　參照最高法院 52 年臺上字第 3723 號民事判決。

❹　參照最高法院 54 年臺上字第 17 號民事判決。

❹　參照最高法院 69 年臺上字第 3422 號民事判決。

　　此乃就法定代理人監督之疏懈與被害人的損害發生有無因果關係，以確定法定代理人是否得以免除賠償的責任。如果已盡監督義務與否，皆不影響損害的發生，則法定代理人不需負擔賠償的責任。所以，法定代理人的監督縱有過失，也非絕對需要負責，如果欠缺相當的因果關係，並無責任可言。例如，學生放學後為趕捷運而互相推擠，導致他人自樓梯跌下，此時肇事學生是否品行端正，並非造成他人傷害的因素，所以該名學生的家長縱加以相當的監督，損害也不免發生。此時監督與損害不發生因果關係，因此學生的法定代理人有理由主張第 187 條第二項的免責。

㈤行為人與法定代理人之衡平責任

　　有關衡平責任的理論基礎，已於本書第一章第二節侵權行為之歸責原則中敘明，不再重複。第 187 條第三項的衡平責任，是以未成年或受監護的侵權行為人及其法定代理人為規範主體。第 187 條規範衡平責任的原因，主要在保護被害人，不因法定代理人的免責，而完全喪失求償的機會，藉以平衡社會的不公。所以，當未成年或受監護的行為人行為時無識別能力，而法定代理人雖需單獨負責但卻有免責事由，或是欠缺完全行為能力人行為時有識別能力，法定代理人理應負連帶責任但可合法免責，而欠缺完全行為能力人無資力可為完全的賠償時❺，此時法院基於被害人的聲請，評估行為人及其法定代理人與被害人的經濟狀況，如果行為人與其法定代理人明顯的較被害人富有，法院得命令行為人或其法定代理人為全部或一部的賠償。衡平責任的規定是以倫理為出發點，為法律道德化的具體表現，在我國民法上十分罕見，僅本條與第 188 條有此規定而已。此外，第 187 條第四項規定，於其他有行為能力的人，如在無意識或精神錯亂所為之行為，亦可準用衡平責任的規定。行為人處在無意識或精神錯亂中，無法判斷自己的行為在法律上評價如何，其行為欠缺識別能力，無責任能力，依過失

---

❺　學者姚志明教授持不同見解，認為行為人無資力以致被害人無法得到債權滿足的情形，屬於所謂的「事實上請求無效果」，與前述行為人無識別能力的狀況（法律請求無權利）不同，故無第 187 條第三項衡平責任的適用。詳見姚志明，前揭《侵權行為法》，p. 123。

責任原則，行為人無需負責。但法律為達成保護被害人的目的，規定法院
得斟酌無意識或精神錯亂行為人的經濟狀況，要求行為人為全部或一部的
賠償，此即衡平責任的延伸，屬於公平責任原則的運用。

㈥法定代理人之求償權

　　法定代理人代負欠缺完全行為能力人的侵權行為責任後，是否有權透
過內部求償權的行使，而向真正的侵權行為責任人請求賠償金額的返還，
第 187 條並未規定。解釋上法定代理人的責任雖基於監督的過失所致，但
該侵權行為終究並非法定代理人所造成，所以法定代理人應可向欠缺完全
行為能力人主張內部求償權❺❶。然而有關求償權的基礎，有以下不同的學
說：

1. 類推適用說

　　民法第 188 條第三項規定：「僱用人賠償損害時，對於侵權行為之受僱
人，有求償權。」本條的立法理由是認為，受僱人的行為造成損害，對損害
發生的原因力較重，就內部關係而言，應負全責。此項法理對欠缺完全行
為能力人不法侵害他人權益的情形，也應有適用的餘地。所以法定代理人
可類推適用第 188 條第三項的規定，向欠缺完全行為能力人請求返還代付
的全部賠償。王澤鑑教授持此一看法❺❷。邱聰智教授雖亦贊同類推適用僱
傭關係的求償權，但考量法定代理人既被推定監督有所疏懈，卻又無法舉
證免責，若承認其有完全的求償權，實有可議之處，因此宜解為有民法第
217 條過失相抵的適用，以酌減求償權的範圍❺❸。

2. 平均分擔說

　　法定代理人與欠缺完全行為能力人依第 187 條第一項前段負連帶賠償
責任時（行為時有識別能力），該二者為損害賠償的連帶債務人，依民法第

---

❺❶　關於此點，有學者認為立法者基於家庭倫理道德的考量，所以不做求償權的規
　　定；而民法債編於民國 89 年修正時，亦未對此加以增列，應視為立法者有意
　　的疏漏，故解釋上法定代理人不應有求償權。

❺❷　王澤鑑，前揭《民法學說與判例研究第三冊》，p. 143。

❺❸　邱聰智，前揭《新訂民法債編通則（上）》，p. 207。

280 條本文的規定：「連帶債務人相互間，除法律另有規定或契約另有訂定外，應平均分擔義務。」所以原則上法定代理人與欠缺完全行為能力人應各自負擔一半的責任。如果法定代理人已付出超過賠償額的二分之一時，依民法第 281 條規定，可向欠缺完全行為能力人請求償還各自分擔的部分，即法定代理人有半數賠償金的求償權。王伯琦教授主張此一論點❺。

3. 區別說

關於行為時有辨別能力的部分，孫森焱教授亦贊同適用第 280 條與第 281 條，但進一步討論不同狀況應有所區別：

⑴當欠缺完全行為能力人行為時無識別能力，解釋上應認為無責任能力的行為人無分擔的部分，法定代理人應單獨賠償，所以沒有內部求償權的問題。

⑵相同的法理亦適用在行為人無識別能力，而法定代理人雖有免責事由，但法院卻要求負擔衡平責任時，行為人原即不需負責，法定代理人自然不取得求償權。

⑶如果法定代理人的衡平責任乃因行為人無力單獨清償債務所生，法定代理人原可免責，但卻仍須負擔相當的賠償；行為人的債務並不會因法定代理人代為清償而消滅，行為人仍應負最後的清償責任，因此法定代理人有權向行為人請求全部賠償的返還。

「類推適用說」認為第 187 條未規定求償權，應為法律漏洞，所以類推適用第 188 條第三項以補充之，主張法定代理人有全部的求償權，要求欠缺完全行為能力人負完全的責任，但卻忽略法定代理人監督疏懈的過失，容易造成偏頗。「平均分擔說」直接適用現行民法連帶債務的明文規定，不需利用屬於法律解釋的類推適用，較為合理；然而此一原則無法適用所有的狀況，但此說並未因應不同的情形加以解釋，實乃美中不足。「區別說」詳細分析不同條件所造成的不同結果，依狀況適用一半求償權、無求償權、及全部求償權，清楚明白不致混淆。因此本書認為區別說最為可取。

---

❺　王伯琦，前揭《民法債篇總論》，p. 95。

二、僱用人之責任

(一)概　說

民法第 188 條第一項規定:「受僱人因執行職務,不法侵害他人之權利者,由僱用人與行為人連帶負損害賠償責任。但選任受僱人及監督其職務之執行,已盡相當之注意或縱加以相當之注意而仍不免發生損害者,僱用人不負賠償責任。」本條在本質上是以僱傭關係為基礎,受僱人在執行職務中所為的侵權行為,僱用人應連帶負擔賠償責任,所以原則上受僱人的責任屬於無過失責任的一種,然而第 188 條第一項的但書規定,如果僱用人可舉證其選任及監督無過失,或是選任監督與被害人的損害不具有因果關係時,僱用人即可免責;換言之,有關僱用人的侵權責任,我國民法採用過失推定主義,與規範法定代理人責任的法理相同。所以,僱用人責任亦為「中間責任」。此外,第 188 條第二項也類似於第 187 條第三項,規定「如被害人依前項但書之規定,不能受損害賠償時,法院因其聲請,得斟酌僱用人與被害人之經濟狀況,令僱用人為全部或一部之損害賠償。」要求僱用人負擔「衡平責任」。民法對於僱用人的責任,認定為代負責任的性質,所以特別規定「僱用人賠償損害時,對於為侵權行為之受僱人,有求償權」因而可向受僱人請求全部賠償金額的返還。

(二)僱用人責任之成立要件

1. 行為人須為受僱人

侵權行為人與僱用人之間需有僱傭關係,為其受僱人,才有第 188 條的適用。所謂「受僱人」,是否須以當事人間有民法第 482 條的「僱傭契約」作為前提,學者有不同的解釋。有採狹義說,認為受僱人的意義,應指依僱傭契約而於一定或不定之期限內為他方服勞務,並以此獲取他方報酬的人❺❺。也有學者認為應依民法關於僱傭的規定與第 188 條的目的定之,所以如果僱傭契約的受僱人不受僱用人的監督,則不屬於本條所稱的受僱人;反之,雖無僱傭契約,但其性質極似受僱人,則亦有本條的適用❺❻。也有

---

❺❺　胡長青,《中國民法債編總論》,臺灣商務印書館,1968 年,p. 169。

學者以簡單的標準區分，認為事實上為他人服勞務者，均為受僱人❺❼。其實，第 188 條所強調的僱傭關係，乃基於客觀上選任及監督關係的有無，作為定義受僱人的依據，與僱傭契約並無絕對的關係。因此，如果一方執行職務時受到他方的監督，或是一方之所以為他方服勞務，乃因他方選任所生，此時一方即為他方的受僱人，雙方間有第 188 條的僱傭關係。所以解釋受僱人的意義時，不需將僱傭契約列為討論的核心，選任與監督才是問題的重點，至於勞務的種類、報酬的有無、時間的長短等因素，更非判斷的標準。例如：計程車司機與乘客雖成立旅客運送契約，但乘客對司機並無選任監督之權，乘客不負司機的侵權行為責任；但若是自己的車請朋友代開，因具備選任監督關係，在車禍發生時，車主應負僱用人責任。

圖 4-1　計程車與乘客間成立運送契約

　　實務上採此一見解，最高法院 45 年臺上字第 1599 號民事判例：「民法第一百八十八條所稱之受僱人，係以事實上之僱用關係為標準，僱用人與受僱人間已否成立書面契約，在所不問。」最高法院 57 年臺上字第 1663 號民事判例也採相同的看法，認為民法第 188 條第一項所謂受僱人，並非僅限於僱傭契約所稱之受僱人，凡客觀上被他人使用為之服勞務而受其監督者，均為受僱人。所以，只要客觀上足以令人認其為受僱人，且事實上也受到僱用人選任及監督，則應認有僱傭關係的存在而適用第 188 條；反之，則受僱人無責任可言。例如：某甲有大貨車一部，靠行乙貨運公司。甲將大貨車出售給某丙並已交付，但尚未向監理所辦理過戶移轉登記。丙駕駛該大貨車因過失撞傷路人，乙貨運公司是否應負第 188 條僱用人的責任？依實務上的見解，甲雖然已經將大貨車交付，但在未辦理移轉登記之前，客觀上仍不足以使人認其為乙貨運

❺❻　史尚寬，前揭《債法總論》，p. 181。
❺❼　王伯琦，前揭《民法債篇總論》，p. 92。

行服勞務；在事實上亦無丙被乙貨運行使用，且受其監督的情形。據此，乙貨運行與丙並無僱用人與受僱人的關係，所以不應令乙貨運行負民事上僱用人的責任❺❽。又原有僱傭關係，但已失去僱用人資格時，即不得依其對受僱人最初的選任，而要求原僱用人負責。例如：船舶出租人選任的船員，於船舶出租後，受承租人僱用而為船員，如因執行職務不法侵害他人之權利，僅承租人應依民法第 188 條之規定負損害賠償責任，出租人既已失去僱用人的資格，便不得本於最初的選任，要求出租人負賠償責任❺❾。

2. 受僱人須負侵權行為責任

第 188 條所規定的僱用人責任，並非為自己的過失負責，而是因受僱人不法侵害他人權利，與之負連帶的賠償責任。所以僱用人負損害賠償責任後，可向受僱人主張內部的求償權。由此觀之，僱用人的責任與受僱人的侵權賠償責任有從屬性，所以倘若受僱人的行為欠缺一般侵權行為的主客觀要件，受僱人不須負侵權責任的同時，具有從屬性質的僱用人責任，便不會發生。值得注意的是，行為的違法性或可責性是以受僱人為準，所以行為是否有阻卻違法的原因，皆應以受僱人自身有無此理由為斷❻⓪。侵權行為的對象必須是第三人，而此第三人包括其他的受僱人。如果被害人為僱用人時，當受僱人是為履行僱傭關係的債務而侵害僱用人權利，例如自用車司機過失駕車衝撞安全島，導致車內的僱主受傷，受僱人應依民法第 224 條負債務不履行的責任，並非第 188 條所謂的侵權行為。

3. 須受僱人因執行職務所為的侵權行為

僱用人須為受僱人的侵權行為負責的情形，僅限於受僱人的行為因「執行職務」所致，否則此行為與僱傭關係毫無關聯，應由受僱人自負侵權行為；換言之，決定僱用人責任的有無，須檢驗受僱人侵權行為的時機，若非在執行職務中所為的行為，則與第 188 條無關。例如：受僱人下班後與同事飲酒作樂，卻與鄰桌發生爭吵，進而以酒瓶敲打他人致傷，此時僱用

---

❺❽ 參照 72 年 9 月 29 日廳民㈠字第 0666 號函復臺高院。

❺❾ 參照最高法院 21 年上字第 257 號民事判例。

❻⓪ 黃立，前揭《民法債編總論》，p. 297。

人並不需負責。然而侵權行為時是否在「執行職務」中，有時並不如上例般容易辨別，因此需要清楚的區分標準。關於此點，學者的見解不一，大致上有以下四種學說：

(1)僱用人意思說

執行職務的範圍，應以僱用人的命令及委託的事項決定，受僱人逾越此範圍所為之行為，儘管有利於僱用人，仍非執行職務的行為 ❻。本說的特點是以僱用人主觀的意思作為判斷其責任的標準，適用上顯得狹隘，對被害人的保護相對不周，因此國內並無採用此說的學者。

(2)受僱人意思說

執行職務固然應以僱用人所命令辦理的事務決定，但如果受僱人的行為對僱用人有利的情況下，亦應屬於執行職務的行為；相反的，如果受僱人的行為乃基於自身的利益，則儘管在外觀上與執行職務有關，也不屬於執行職務的行為。本說的範圍雖較僱用人意思說為廣，但受僱人的意思不等同於僱用人的意思，以其主觀的意思決定利益僱用人與否，在判斷上難以一般的標準定之，因此不免滋生困擾，也導致對僱用人的保護有所欠缺 ❻。

(3)客觀說

執行職務的範圍，須以客觀的事實決定，意即行為的外觀如果具有執行職務的形式，便是因執行職務所為的行為，至於僱用人或受僱人主觀的意思，並不列入考慮 ❻。本說摒棄主觀的不確定判斷標準，而以外在行為的客觀性決定執行職務的範圍，形式上較易判斷，也較能避免爭議，實務上傾向採用此一明確的標準，所以目前的通說採客觀說。依據最高法院的解釋，所謂受僱人因執行職務不法侵害他人的權利，不僅指受僱人因執行其所受命令，或委託之職務自體，或執行該職務所必要的行為，而不法侵害他人之權利者而言，即受僱人的行為，在「客觀上」足認與其執行職務

---

❻　鄭玉波著，陳榮隆修訂，前揭《民法債編總論》，p.208。
❻　王澤鑑，《民法學說與判例研究第一冊》，臺大法學叢書，1988 年九版，p. 18。
❻　史尚寬，前揭《債法總論》，p. 183。

有關,而不法侵害他人之權利者,儘管其為自己利益所為,亦應包括在內❻。例如,甲之貨車司機丙於回程時順便攬貨,竟不法侵害乙的權利,乙因而向甲請求賠償。法院認為依一般經驗法則,在客觀上足認為丙的行為與執行職務有關,所以乙有權要求甲賠償其損失❻。又如,甲證券公司僱用乙為營業員,其職務僅代客買賣股票,但乙卻私下為丙客戶保管股票、印章及存摺,進而不法盜賣丙的股票。乙的行為雖然是為自己的利益所為,但在客觀上足認為與其執行職務有關,應認乙因執行職務不法侵害他人權利,所以甲證券公司必須負僱用人的連帶責任❻。相反的,如果在客觀上顯然與受僱人執行職務無關,則僱用人自無責任可言。例如:受僱人所犯罪責,如果因其私生活不檢所致,顯與其執行職務無關,即與第188條所定成立要件不合,因此僱用人不須為受僱人的侵權行為負連帶責任❻。又如,受僱人因嫌被害人讓道太慢,停車斥罵並出手毆打被害人成傷,又故意倒車,以大貨車車尾撞毀小貨車車頭,如此顯然並非執行職務的行為,被害人自然不得請求僱用人負連帶賠償責任❻。

(4)客觀牽連說

採客觀說雖然能夠有效建立判斷執行職務與否的標準,但卻忽略決定職務範圍含有價值判斷的意義,其有政策的考量,若單純以外觀認定,並不周延。所以晚近實務上似乎兼採牽連關係,認定與執行職務相牽連的行為,也包含在執行職務的範圍內。例如:最高法院79年臺上字第2136號民事判決:「受僱人執行職務不法侵害他人權利之行為,不以受僱人執行職務範圍內之行為為限,並包括與執行職務相牽連或職務上予以機會之行為在內。」依此說,執行職務可分為以下幾種類型:

A. 職務範圍內之行為

---

❻　參照最高法院42年臺上字第1224號民事判例。

❻　參照最高法院70年臺上第1663號民事判決。

❻　參照最高法院84年臺上第941號民事判決。

❻　參照最高法院67年臺上第2032號民事判例。

❻　參照最高法院71年臺上第63號民事判決。

a. 執行職務的行為

受僱人所為之行為本身為職務的執行，即為執行職務的行為❻。例如：司機駕駛雇主的自用車，或是建築工人依雇主指示綑綁鋼筋等行為。所以受僱人在行為中不法侵害他人權利（如司機駕車撞人或工人未綁牢鋼筋），僱用人應負其責任。但如果受僱人無過失，而損害是因僱用人的故意或過失所起，則僅由僱用人自負其責；若受僱人亦同時有過失，則主雇雙方為共同侵權行為人，應依第 185 條負連帶賠償責任。

b. 執行職務違法或怠於執行職務

受僱人以不法的手段達到職務的目的，或是消極的不執行應執行的職務，因而造成他人損害時，僱用人應與受僱人負連帶賠償責任。例如：早餐店員工為擊敗競爭對手，而在對方的飲料中下毒，或是潛水器材租賃公司的僱員未檢查出租的氧氣筒，造成顧客因氧氣筒漏氣而溺斃等情形，均屬之。

B. 與執行職務相牽連之行為

a. 職務上予以機會的行為

受僱人利用執行職務之便，從事非職務範圍內的行為，但卻不法侵害他人權利者。例如：司機送貨完畢，本應返回公司，但卻繞道為家人購買衣物，而在途中撞傷路人；或是快遞公司員工無故拆開他人託寄的包裹，妨害秘密的行為。另外，受僱人的行為雖非執行職務，但第三人如有正當理由認為其為執行職務，僱用人仍須負責❼。例如貨運公司清潔工人穿上櫃檯服務人員制服，收取顧客所繳交的運費後逃逸，亦成立僱用人的責任。

b. 與執行職務之時間或處所有密切關係的行為

如果受僱人的侵權行為非在執行職務的時間或處所不能發生者，則此行為與執行職務有關❼。例如：加油站員工在上班時抽煙引發大火，造成加油顧客受傷；採果工人奉命採果，在午休時間擅自駕駛運果貨車外出，

---

❻　王伯琦，前揭《民法債篇總論》，p. 93。

❼　孫森焱，前揭《民法債編總論上冊》，p. 301。

❼　王伯琦，前揭《民法債篇總論》，p. 94。

不慎衝撞民宅；或是水電行雇用的工人至顧客家中修理水管時，順手牽羊竊取主人的元青花花瓶等，此時僱用人必須負責。

(三)僱用人之免責

依第 188 條第一項但書的規定，僱用人如果能夠證明其選任受僱人及監督其職務之執行，已盡相當之注意，或縱加以相當之注意而仍不免發生損害者，僱用人不須負連帶賠償責任。換言之，僱用人如能舉證其選任與監督受僱人並無過失，或是選任監督與損害的發生無因果關係，則僱用人即可免責。（過失推定主義）值得注意的是，選任與監督必須同時兼顧，僱用人選任受僱人雖已盡相當的注意，而監督其職務之執行未盡相當注意時，如無縱加以相當的注意，仍不免發生損害之情事，僱用人仍負賠償責任[72]。

雖然受僱人依法可舉證免責，但實務上對受僱人的注意義務規範甚嚴，導致極少數的僱用人受惠於此。所謂「相當注意」，其程度應以善良管理人的注意為準；至於注意的範圍，以選任而言，判例上認為「除受僱人之技術是否純熟而外，尚須就其人性格是否謹慎精細亦加注意，蓋性格狂放或粗疏之人執此業務，易生危害乃意中之事。」[73]即使受僱人已得到政府的證照，此僅是技術認定的憑證，僱用人不能以已調查證書的真偽，證明其選任已盡相當的注意[74]。僱用有刑事前科之人，是否即為選任未盡相當的注意，不可一概而論，應依工作性質與受僱人的曾犯罪則加以認定。例如受僱人所執行的職務與會計有關，而其曾犯之罪為侵占、背信等，選任時未經詢問或徵信，僱用人顯然有過失；但如果其所執行者為一般事務性工作，則是否有刑事前科，並非決定僱用人在選任上過失與否的標準[75]。

而所謂「監督」，是指受僱人於執行職務中，僱用人是否盡到監督其不使他人受到權利侵害的義務。此一監督，包括對勞務的實施方式、時間及地點加以指示或安排的一般性監督[76]。所以，僱用人對受僱人職務的執行，

---

[72]　參照最高法院 22 年上字第 3116 號民事判例。

[73]　參照最高法院 20 年上字第 568 號民事判例。

[74]　參照最高法院 18 年上字第 2041 號民事判例。

[75]　黃立，前揭《民法債編總論》，pp. 301–302。

平常應訂有作業規則，並時常加以訓練，而在必要時也需給予適當的指示，並監督其是否遵守，否則僱用人的監督應認定為有過失，因而無法免除僱用人的責任❼。例如：甲公司僱用乙駕駛車輛，乙因違規駕車遭警方扣押駕照，但甲公司仍命其繼續駕駛，如此甲並未善盡監督的責任，若乙發生車禍造成他人損害，此時被害人可請求甲公司負連帶的賠償責任❽。

㈣僱用人之衡平責任

如果僱用人對受僱人的選任與監督皆無過失，或縱加以相當之注意仍不免發生危險而免責時，受僱人應獨立負擔賠償的責任，但在一般的情形下，受僱人的資力多較為薄弱，因此可能發生被害人求償無門的情況。為保障被害人的利益，第 188 條第二項特別納入僱用人的「衡平責任」，以維護公平原則。法律規定僱用人雖有免責事由，但法院仍可因被害人的聲請，斟酌被害人與僱用人的經濟狀況，而令僱用人負擔全部或一部的損害賠償。

㈤僱用人之求償權

僱用人雖依第 188 條第一項本文與受僱人對被害人負連帶賠償責任，但僱用人責任性質上為代負責任，真正的侵權行為人仍為受僱人，所以僱用人在內部關係上並無應負擔的部分，因此依第 188 條第三項規定，僱用人對受僱人有內部的求償權。至於僱用人因負衡平責任而賠償時，是否亦享有求償權？僱用人負衡平責任的原因乃基於受僱人無資力，但無資力並不能作為免責的原因，受僱人最終仍應為其行為負責，所以當僱用人代負其責，應可在事後向受僱人請求支出的返還。原則上，僱用人依第 188 條第三項應可全額求償，而排除民法第 280 條與第 281 條有關連帶責任的適用，但也有學者主張僱用人的責任源於選任與監督的過失，所以應適用民法第 217 條過失相抵的規定，酌減其求償金額❼。本條所規定的求償權，

---

❼　參照最高法院 81 年臺上字第 2686 號民事判決。

❼　鄭玉波著，陳榮隆修訂，前揭《民法債編總論》，p. 209。

❽　參照最高法院 70 年臺上字第 2400 號民事判決。

❼　邱聰智，前揭《新訂民法債編通則（上）》，p. 213；孫森焱，前揭《民法債編總論上冊》，p. 304。

在法理上應解釋為全額求償的權利，但在現實上則應考量僱用人責任的基礎，乃僱用人利用受僱人擴大其經濟活動與事業範圍，僱用人受有利益，當然須對受僱人的侵權行為負責（報償責任原則）；倘若僱用人透過求償權的行使，將責任完全推由受僱人負責，則有違報償責任原則的精神。所以有學者主張應仿效類似國家賠償法與冤獄賠償法等的規定 ⑧，認為僅有在受僱人因故意或重大過失侵害他人權利時，僱用人才有求償權，藉以加重僱用人的責任 ⑧。本書認為，以貫徹報償責任原則與避免求償權濫用的角度論之，此見解相當值得贊同。

◉ 第三節　特殊事實之侵權行為

一、動物占有人之責任

㈠概　說

民法第 190 條第一項規定：「動物加損害於他人者，由其占有人負損害賠償責任。但依動物之種類及性質，已為相當注意之管束，或縱為相當注意之管束而仍不免發生損害者，不在此限。」此即所謂的「動物占有人的責任」。動物占有人的責任是基於所占有動物的加害行為，並非責任人直接造成，而是由於此特殊的事實而間接負擔侵權行為責任，原則上屬於無過失責任，動物占有人證明對加害行為無過失，並無法免責。然而，本項但書規定動物占有人的免責事由，是以管束動物有無疏失，以及未為注意管束與損害之間有無因果關係認定，而第二項亦規定動

圖 4-2　動物占有人

---

⑧　參照國家賠償法第 2 條第三項，以及冤獄賠償法第 16 條第二項。
⑧　林誠二，前揭《民法債編總論——體系化解說（上）》，pp. 300–301。

物占有人的責任不因第三人或其他動物的挑動而免責，僅是取得求償權，足見動物占有人的責任乃基於管束的疏失，不因第三人或其他動物的行為所致。所以，動物占有人的責任是一種中間責任。

(二)動物占有人責任之成立要件

1. 須為動物之加害

第190條所謂的動物，應指一般社會通常觀念上的動物而言，並非嚴格的使用生物學上的定義。動物占有人必須負責的原因，乃基於管束動物的疏失，因此本條所稱的動物，應是可受管束的動物；不屬於任何人占有的野生動物，並不在本條的規範範圍之內。依此原則，野生動物園中的動物雖捕自野外，且生活在類似其原始棲息地的區域，但動物園畢竟有固定的園區，所以園內的動物仍應屬於受管束的動物，而有本條的適用。至於細菌或病毒等微生物，本不應納入動物之列，且多無法受人類控制，原則上無本條的適用；但如果微生物是由人類培養或運用科技加以控制，而有事實上的管領力時，則應歸類於本條的動物範圍內。不論動物的加害是因為獸性或外部刺激所造成，占有人均應依第190條負責，但如果動物的行為並非獨立的自發行動，而是受到占有人的驅使或強制所致，則占有人無異是以動物為機械而不法侵害他人權利，此時應同時成立民法第184條的間接侵權行為。第190條與第184條在此發生請求權的競合，被害人可擇一請求[82]。如果驅使或強制動物之人為占有人以外的第三人時，動物占有人除能證明其管束無疏失，或管束與損害間無因果關係，否則仍無法免責；在此情形，該第三人應負第184條責任，占有人應負第190條第一項本文的責任，兩者間成立不真正連帶債務關係[83]。

2. 須為動物占有人

本條的責任人必須是加害動物的占有人，不以所有人為限，只要是以自己的利益長期照料特定動物，即為此動物的占有人。確定動物占有人的地位，是以對動物管領力的有無作為判斷的標準，我國物權法上對占有人

---

[82] 鄭玉波著，陳榮隆修訂，前揭《民法債編總論》，p. 214。

[83] 孫森焱，前揭《民法債編總論上冊》，p. 309。

的分類，基本上分為三種，其一為「直接占有人」，依民法第940條規定，對於物有事實上管領力者，為占有人。直接占有人對動物有直接管領力的人，對動物有管束的能力，所以是本條的動物占有人。其二為「間接占有人」，是指第941條中所規定的質權人、承租人、受寄人或基於其他類似之法律關係，對於他人之物為占有的人。這些人因非直接管領人，自然不須對動物的管束盡相當的注意，所以並非動物占有人。最後一種為「占有輔助人」或稱為「幫助占有人」，依第942條的規定，占有輔助人是指受僱人、學徒或基於其他類似之關係，受他人之指示，而對於物有管領之力之人。依條文的規範，占有輔助人既然對物有管領力，與直接占有人的情況相同，所以如占有之物為動物，也必須負動物占有人的責任❽。應注意的是，占有輔助人雖亦有責任，但卻無法因此使得直接占有人免責，此時二者間應負不真正連帶債務。又如果占有輔助人與直接占有人間有僱傭關係，則被害人可另依第188條的規定，要求直接占有人（僱用人）與占有輔助人（受僱人）負連帶賠償責任，同時僱用人也可以行使求償權。

3. 須侵害他人的權利與利益

本條並未明文劃定侵害他人法益的範圍，僅規定加損害於他人，所以解釋上應包括所有法律保障的權利與利益。例如，所飼養的老鼠爬進鄰居的遊戲間咬傷孩童、放任其在他人門口排泄，或是咬斷電線造成附近店家無法營業等情形，動物占有人均需負責。損害的發生，並不以動物的直接加害為限，只要因動物的動作而受損害，即為動物的加害行為❽。例如，某甲騎單車上學途中，因鄰居某乙所飼惡犬衝出狂吠，驚嚇之餘不慎跌落水溝，此時甲可依第190條向乙請求損害賠償。

(三)動物占有人之免責

---

❽　對此，有學者認為，占有輔助人實際上並未因管領動物而有利益，且對動物的支配也欠缺獨立的地位，但卻被要求負擔動物加害的責任，如此並不公平，所以占有輔助人應排除在外。參照史尚寬，前揭《債法總論》，p. 192，及黃立，前揭《民法債編總論》，p. 309。

❽　邱聰智，前揭《新訂民法債編通則（上）》，p. 216。

　　動物占有人的責任是一種中間責任，法律定有舉證免責的規定。依第 190 條第一項但書的規定，動物占有人若能證明依動物之種類及性質已為相當注意的管束，或縱為相當注意的管束而仍不免發生損害者，動物占有人即得以免責。以下對此二種免責事由說明之：

1. 依動物之種類及性質已為相當注意的管束

　　所謂相當的注意，除須以善良管理人的注意為準外，應以動物的種類及性質判斷動物占有人的管束，是否已達無過失的程度。例如：將溫馴鸚鵡的腳鎖在開放式的木架上，這種管束應已足夠；但如以相同的方式拘束鷹鷲類的猛禽，則有所疏失。又如動物園設立可愛動物區，使遊客有機會撫摸家禽家畜，僅需派員在旁注意即可；但若是在肉食動物區，則應架設相當的隔離設備，以及備有完善的預防與逃生的規劃，否則難謂已盡相當的注意。

2. 縱為相當注意的管束而仍不免發生損害

　　此非探究動物占有人的管束是否有所疏失，而是觀察管束與損害之間有無因果關係；如果兩者間欠缺因果關係，縱然動物占有人的管束有過失，仍不須負損害賠償責任。例如：戰爭期間敵軍戰機轟炸都市，動物園的獸欄遭到破壞，致使大批猛獸逃脫傷人，占有人可主張損害是由不可抗力所引起，與其注意並無因果關係，如此即可免責。

(四)動物占有人之求償權

　　本條第二項規定：「動物係由第三人或他動物之挑動，致加損害於他人者，其占有人對於該第三人或該他動物之占有人，有求償權。」動物的加害行為，如果是因為第三人或其他動物的挑動，而非自動的行為，占有人有權向挑動之人或他動物的占有人，請求全額損害賠償的返還。為保障被害人的權益，動物占有人應依第 190 條負責，但造成損害的原因，終究非占有人所致，所以民法賦予占有人向挑動動物的第三人或他動物占有人求償的權利，但並非免除其責任，因第三人或他動物能夠有機會挑動，即表示占有人對動物的管束有疏失，因而無法使其免責。本項求償權的行使，並不需證明挑動的第三人或他動物占有人有故意或過失，而第三人或他動物

占有人也不得以加害動物占有人未盡注意義務，而主張過失相抵（第 217 條）**❽**。他動物的占有人，也不得依第 190 條第一項但書的規定，舉證其管束無疏失或未盡注意義務與損害間無因果關係，而主張加害動物占有人無求償權**❽**。只有如此解釋，才能使求償權的規定真正得以實現。

舉例說明，甲乙丙三人各攜一犬至公園散步，甲因好玩便挑動乙犬攻擊丙，造成丙遭咬傷，丙犬亦因受驚嚇而兇性大發咬傷甲犬。在此情形，丙可依第 190 條第一項本文的規定，向乙請求損害賠償；丙亦可向甲主張第 184 條的一般侵權行為責任；甲乙成立不真正連帶債務關係。如果乙確能證明第 190 條但書的免責事由時，則占有人不負賠償責任，而由有故意過失的挑動第三人甲獨立負責。至於丙之犬咬傷甲之犬的部分，甲對其犬的物權遭到侵害，有權向占有人丙請求第 190 條的損害賠償，但丙犬是因乙犬的挑動而加害甲犬，所以丙向乙有求償權。乙犬的挑動並不直接加害於人，因此其占有人乙無論有無免責事由，均不成立第 190 條的侵權行為（但有第 184 條的適用）。但如果乙犬亦參與加害甲犬的行為，則乙亦應負動物占有人的責任，並與丙成立不真正連帶債務**❽**。

二、工作物所有人之責任

㈠概　說

圖 4-3　工作物

民法第 191 條第一項規定：「土地上之建築物或其他工作物所致他人權利之損害，由工作物之所有人負賠償責任。但其對於設置或保管並無欠缺，或損害非因設置或保管有欠缺，或於防止損害之發生，已盡相當之注意者，不在此

---

❽　林誠二，前揭《民法債編總論——體系化解說（上）》，pp. 308–309。
❽　孫森焱，前揭《民法債編總論上冊》，p. 311。
❽　林誠二，前揭《民法債編總論——體系化解說（上）》，pp. 309–310。

限。」工作物造成他人損害時，法律推定其所有人對工作物的設置與保管有欠缺，同時亦推定此欠缺與損害間有因果關係；工作物所有人如欲免責，則必須證明設置或保管並無欠缺，或損害非因設置或保管有欠缺，或於防止損害之發生，已盡相當之注意，否則即須負賠償責任。由此可知，工作物所有人責任亦為中間責任。本條規定工作物所有人責任，著眼於加強對被害人保護，所以工作物損及他人權利時，被害人無須舉證該工作物有瑕疵或其所有人保管不當，即可請求賠償；然而如此可能使工作物所有人擔負過重的責任，因此本條相對的賦予所有人舉證免責的機會，以資平衡雙方的責任。

(二)工作物所有人責任之成立要件

1. 須為土地上的工作物

工作物所有人所負的賠償責任，乃因其工作物造成他人損害所致，所以若非其所有之工作物，則無責任可言。所謂「土地上的工作物」，除第 191 條所例示的「建築物」外，應包括所有土地上因人工所做成的設施，無論地上物或地下物、動產或不動產均屬之，所以其範圍較定著物為廣。建築物如紀念碑、房屋、水壩及堤防等；其他土地上的工作物如電線桿、電線、水管、瓦斯管、蓄水池、地窖及廣告塔等。建築物內的設施，如吊燈、電梯及門窗等，屬於建築物的從物或成分，為間接設置於土地上的工作物，所以也應有本條的適用。至於未安裝於工作物上，僅臨時放置在土地上之物，例如未安裝的冷氣機，則非土地上的工作物❽❾。另外，民法上工作物的概念應包括國家賠償法（第 3 條第一項）上的「公共設施」❾⓪，所以因公共設施設置或管理有欠缺而損及他人權利時，民法第 191 條第一項及國家賠償法第 3 條第一項發生競合，被害人可擇一請求國家賠償❾❶。值得注意的是，「公共設施」是指供大眾使用的公有設施，因此在未完成前並無法

---

❽❾　孫森焱，前揭《民法債編總論上冊》，p. 312。

❾⓪　國家賠償法第 3 條第一項規定：「公有公共設施因設置或管理有欠缺，致人民生命、身體或財產受損害者，國家應負損害賠償責任。」

❾❶　參照最高法院 76 年臺上字第 591 號民事判決。

達到供大眾使用的目的，無法稱之為「設施」，故未完成的公共設施造成他人損害的情形，並不能引用國家賠償法作為請求損害賠償的依據，此時僅能依民法工作物所有人責任或定作人責任等規定求償❷。

2. 須為工作物的所有人

本條規定的損害賠償責任的義務人，必須是工作物的所有人，與前條動物占有人責任的規定不同；因此無論所有人是否直接占有該工作物，均應負責任。例如某甲將其所有的廣告招牌租給某乙，乙直接占有該工作物，如果該招牌因強風吹落，砸傷路人，此時除可依本條但書的規定舉證免責外，甲應依工作物所有人責任負擔賠償的義務。

3. 須侵害他人權利致損害發生

工作物所有人的責任，須因工作物侵害他人權利致生損害。所謂權利的損害，應與第 184 條第一項作同一解釋，不在此重複論述。至於利益的侵害，仍應由被害人舉證工作物所有人是以背於善良風俗的方法加以損害，否則無法求償。

(三)工作物所有人之免責

1. 工作物的設置與保管無欠缺

工作物所有人的責任，多因法律推定工作物的設置與保管有欠缺所致。設置與保管有所欠缺，是否因所有人的過失所致，並不影響被害人向工作物所有人求償的權利；亦即只要被害人能夠證明其損害為工作物所造成，便可請求工作物所有人負賠償責任，即便有過失者並非所有人本人。然而，如果工作物所有人能夠舉證推翻此一推定，則可免除賠償責任。工作物在設置上是否有欠缺，實務上是以建造之初是否存在瑕疵為斷❸；如果在建

---

❷　71 年 7 月 24 日法務部(71)法律第 9062 號解釋略謂:「國家賠償法第三條第一項所稱『公有公共設施』，係指已設置完成並已開始供公眾使用者而言。蓋國家或地方自治團體，為供公務需要或公眾使用之各種公有公共設施，如道路、橋樑、公園……等，必須已經建造完成，驗收合格並開始使用者，始足當之，其僅在施工建造中，尚未完成以供公務或公眾使用者，既不成其為『設施』，自無適用該條項之餘地。設若於建造中發生損害情事，僅得依民法（例如第 189條）所定侵權行為責任處理。」

造或安置工作物之時，欠缺通常的品質、性質、狀態或設備，則屬於設置有欠缺，反之，則無欠缺❹。例如：學校將足球門架設置在操場的軟土上，某學生攀住橫桿玩耍，門架隨即傾倒而將該學生壓死，法院認為國中學生生性好動，學校設施應以學生安全為第一要務，所以將門架設於軟土且未加固定，在經驗上學校顯然對其工作物的設置有欠缺，故應負賠償的責任❺。而所謂保管的欠缺，則是以工作物所有人於建造後是否善盡保護與管理的義務，若未盡此義務而導致工作物的瑕疵，致他人受損，即應負責❻。所以，工作物所有人如能證明工作物在設置之初，並無材料不良、偷工減料、設計錯誤，及指示不當等情事，或是在建築完成後無修繕怠惰、保管方式不當，及未定期維護等狀況，則無須負工作物所有人的責任。

2. 損害非因設置或保管有欠缺所致

工作物的設置或保管或許有所欠缺，但如果工作物所有人能夠證明，此欠缺與損害的發生不存在因果關係，仍得以免責。由於此因果關係為法律所推定，所以舉證免責的責任由所有人負擔。例如，橋樑斷裂造成被害人跌落河中淹死，斷橋之因源自異常的山洪暴發，工作物所有人於設計之初並無法預見如此災難，因此無論工作物的設置與保管是否欠缺，均無法改變斷橋的結果，損害與設置保管的欠缺不發生因果關係，工作物所有人即可舉證免責。然而，如果外力（如自然事件、第三人行為，或其他事實等）的介入並無法完全替代設置或保管瑕疵，成為損害的唯一因素，而是兩者結合造成損害的結果，工作物所有人仍須負責。在斷橋的案例中，如果山洪暴發雖為異常，但經專家評估，其威力尚不足以摧毀鋼筋水泥的大橋，事實上卻造成橋樑斷裂，此時法律依然推定工作物所有人應負賠償責任❼。

---

❸　參照最高法院 50 年臺上字第 1464 號民事判例。

❹　參照最高法院 58 年臺上字第 1983 號民事判決。

❺　參照最高法院 81 年臺上字第 7 號民事判決。

❻　同前揭❹。

❼　林誠二，《民法債編總論——體系化解說（上）》，p. 314。

3.防止損害的發生已盡相當之注意

　　工作物所有人若已證明「防止損害的發生已盡相當之注意」為免責的事由，則是承認其對工作物的設置或保管有欠缺。所謂相當的注意，是指善良管理人的注意而言。工作物雖有瑕疵，但如果所有人能夠證明對損害的防範已盡相當的注意，則仍有免責的機會。例如夜間施工以醒目的號誌警告路人與駕駛、以沙包圍住施工的坑洞，以及在建築物凸出的銳角上包覆海綿等，若如此仍造成他人損害時，工作物所有人免負賠償責任。

㈣工作物所有人之求償權

　　第 191 條第二項規定：「前項損害之發生，如別有應負責任之人時，賠償損害之所有人，對於該應負責者，有求償權。」工作物所有人對因工作物的瑕疵所造成的損害須負責任，但所有人並不一定直接占有工作物，如工作物因他人設置或保管上的欠缺而生損害，卻使所有人負擔完全的責任，對所有人並不公平。因此本項特別規定工作物所有人對實際上應負責損害之人，有求償的權利。此求償權為法律所明定，故應解釋為完全的求償權，並無內部分擔的問題。所謂「別有應負責任之人」，包括承攬人、承租人、借用人、受寄人、受任人、典權人，甚至是前所有人等，對於此等人的故意或過失造成工作物的瑕疵，工作物所有人於賠償後，可對之主張求償權。此應負責的人若與工作物所有人有契約關係（例如承攬契約或租賃契約等），工作物所有人亦得以瑕疵擔保或債務不履行為由，要求契約對造負損害賠償責任。

◉ 第四節　危險性行為從事者之侵權行為

一、商品製造人之責任

㈠概　說

　　民法第 191 條之 1 第一項規定：「商品製造人因其商品之通常使用或消費所致他人之損害，負賠償責任。但其對於商品之生產、製造或加工、設

計並無欠缺或其損害非因該項欠缺所致或於防
止損害之發生,已盡相當之注意者,不在此限。」
第二項:「前項所稱商品製造人,謂商品之生產、
製造、加工業者。其在商品上附加標章或其他
文字、符號,足以表彰係其自己所生產、製造、
加工者,視為商品製造人。」第三項:「商品之
生產、製造或加工、設計,與其說明書或廣告
內容不符者,視為有欠缺。」第四項:「商品輸
入業者,應與商品製造人負同一之責任。」民法
對於商品製造人責任的規定,是在民國 88 年債
編修正時,納入民法體系的範疇,而其文字使

圖 4-4　商品製造人

用的繁複與涉及事項的複雜度, 也非一般民法條文所常見, 凸顯出立法者
對商品製造人責任與消費者保護議題的重視。商品製造人的責任在認定上,
應歸類於契約責任或侵權行為責任, 學者間常有爭議, 但我國民法修正時,
將此責任定位在侵權行為責任 (參照第 191 條之 1 新增理由首句), 而使之
成為特殊型態的侵權行為責任。

　　人類經濟活動的目的, 在於提高人類消費水準與消費的福祉, 商品製
造者與消費者間互為生命共同體, 兩者的利益互為依存, 與國家整體經濟
發展, 更是息息相關。但隨著全球經濟與生產力的突飛猛進, 商品製造者
藉由生產技術的提升, 將產品大量的銷往市場, 從中賺取高額的報酬, 漸
漸的使製造者與消費者間的互動失去平衡。製造者在取得操控市場的地位
後, 便可能發生以有瑕疵的商品、不實的標示與廣告, 甚或以不公平的契
約條款, 剝奪消費者應有的權益。為防止及消弭此類情事的發生, 先進國
家早在上一世紀中葉以前, 即積極展開立法保障消費者權益的工作; 以美
國為例, 自 1938 年至 1974 年間, 至少通過五項有關消費者保護的法案,
並成立「消費者安全委員會」執行消費者保護的法律❾❽。我國因大陸遷臺
後, 政府的經濟核心策略以扶植工商業為主, 傾向保障經營者的利益, 因

❾❽　鄭玉波著, 陳榮隆, 前揭《民法債編總論》, pp. 220–221

此對消費者保護的措施與政策的形成，遲至民國 70 年代才開始。行政院在各方的壓力及輿論的鞭策下，於 76 年開始實施「消費者保護方案」，正式將消保理念納入行政體系，並開始草擬「消費者保護法」。消費者保護法於民國 83 年由總統明令公佈，代表我國邁入消費者保護的時代❾❾。其後立法院復於 88 年將商品製造人的侵權責任明列於民法，將對消費者的保護置於普通法的規範中，藉以彰顯國家對消保的決心。

　　消費者保護法與民法第 191 條之 1 有許多類似的規定，例如，消保法第 7 條規定：「從事設計、生產、製造商品或提供服務之企業經營者，於提供商品流通進入市場，或提供服務時，應確保該商品或服務，符合當時科技或專業水準可合理期待之安全性。」「商品或服務具有危害消費者生命、身體、健康、財產之可能者，應於明顯處為警告標示及緊急處理危險之方法。」「企業經營者違反前二項規定，致生損害於消費者或第三人時，應負連帶賠償責任。但企業經營者能證明其無過失者，法院得減輕其賠償責任。」第 8 條規定：「從事經銷之企業經營者，就商品或服務所生之損害，與設計、生產、製造商品或提供服務之企業經營者連帶負賠償責任。但其對於損害之防免已盡相當之注意，或縱加以相當之注意而仍不免發生損害者，不在此限。」「前項之企業經營者，改裝、分裝商品或變更服務內容者，視為前條之企業經營者。」第 9 條規定：「輸入商品或服務之企業經營者，視為該商品之設計、生產、製造者或服務之提供者，負本法第七條之製造者責任。」

　　消保法第 7 條至第 9 條與民法第 191 條之 1 雖在一定程度上有其共通之處，但在本質上仍有一些差異；例如：在歸責原則上，前者採無過失責任主義，因企業經營者能證明其無過失者，僅能由法院減輕其賠償責任，而無法免責；後者採中間責任主義，因商品製造人有舉證免責的機會。另外，在適用範圍上，任何人因使用或消費商品受有損害，均可適用第 191 條之 1 請求商品製造人負責，所以企業間的商品銷售也可適用；消保法所規定的商品責任，僅限於因「消費關係」（指消費者與企業經營者間就商品或

---

❾❾　林世宗，《消費者保護法之商品責任論》，師大書苑出版社，1996 年 8 月初版，pp. 5–6。

服務所發生之法律關係。參照消保法第 2 條第三款）所產生的商品事故 ❿。儘管消保法商品責任與民法商品製造人責任不盡相同，但在法律體系上，消保法為民法的特別法，因此在適用的順序上，消保法的相關規定必須優先適用，不足時，再補充適用民法的規定。

(二)商品製造人責任之成立要件

1. 須為商品製造人

本條所規定的商品製造人，採用廣義的定義，包括：

(1)生產、製造、加工業者

這些人因直接的參與商品的產製過程，所以具有商品製造人的身分。製造人須長期重複實施製造等行為，偶爾從事製造者並不屬於商品製造人。

(2)在商品上附加標章或其他文字、符號，足以表彰係其自己所生產、製造、加工者

這些人雖非真正的商品產製者，但在外觀上卻以製造人的名義出現，為保護信賴該標章、文字或符號的消費者起見，應使這些人負擔與真正製造者相同的責任。（參照第 191 條之 1 新增理由三）例如臺灣許多中小企業為大廠代工，雖由小廠製造，但在商品上標明為大廠的產品，此時大廠亦應負商品製造人責任。

(3)商品輸入業者

商品如是由國外進口，常因轉賣或運銷等原因，使得原製造人難以追查，所以應使商品的輸入業者負商品製造人的責任，方便本國消費者在國內主張權利，才能有效保護消費者的權益。所謂的「輸入業者」，包括在外國輸出商品至我國的出口商，以及在我國的進口商。（參照第 191 條之 1 新增理由五）

商品的出賣人或經銷商，並不包括在商品製造人的範圍內，所以被害人無法對這些人主張商品製造人責任；但商品的買受人可依民法第 354 條規定，請求出賣人就買賣標的物的瑕疵負「物的瑕疵擔保責任」；如果買受人因物的瑕疵而受到損害，也可依民法第 360 條的規定請求不履行的損害

---

❿ 黃立，前揭《民法債編總論》，p. 313。

賠償。此外，出賣人給付有瑕疵的商品，構成不完全給付的債務不履行責任，可依民法第 227 條請求損害賠償。值得注意的是，民法不要求商品出賣人負製造人責任，但依前述消保法第 8 條的規定，從事經銷的企業經營者與商品製造人負連帶賠償責任，此乃另一相異之點。

2. 須因商品的正常使用或消費致他人受損

　　所謂「商品」，第 191 條之 1 並無特別的定義，本條新增理由三雖說明商品的範圍包括自然產物及工業產物在內，但仍不甚明確，因此學者多認為在解釋上，應可類推適用消費者保護法施行細則第 4 條的規定，指交易客體之不動產或動產，包括最終產品、半成品、原料或零組件。但如服務的無形商品，並非本條所稱的商品 ❶。被害人請求商品製造人負其責任，必須證明是在通常的使用或消費的情形下，因商品的瑕疵而受損。所謂「通常的使用或消費」，是指物的使用或消費，是依一般的交易觀念認知該物的效能而加以利用；反之，違反商品設計的用途而為使用或消費，即不在「通常」的範圍內。例如：以一般腳踏車作為越野或特技之用、以小客車作為拖車之用、以鋤草機作為交通工具之用、超速駕駛汽車、將汽車開上鐵路，或是生食未煮熟的麵糰等，均非通常的使用或消費，商品製造人不須負賠償責任。至於本條所侵害的法益，條文中並未限制權利或利益，僅規定「致他人之損害」，因此不應設限於任何一種法益，而應解釋為包括權利與利益等所有法律所保障的法益。

(三)商品製造人之免責

　　第 191 條之 1 以保護消費者為立法目的，所以當消費者因使用或消費商品而受損害時，法律推定商品製造人對其商品的生產、製造或加工、設計有欠缺、被害人的損害與該項欠缺有因果關係，或對於防止損害的發生未盡相當的注意。但因民法商品製造人責任採中間責任主義，所以如果商品製造人能夠舉反證推翻以上三項推定，則可免除責任。以下分項說明：

1. 商品的生產、製造或加工、設計無欠缺

---

❶　鄭玉波著，陳榮隆修訂，前揭《民法債編總論》，p. 222，以及邱聰智，前揭《新訂民法債編通則（上）》，p. 227。

　　商品製造人必須證明商品於製造、生產及加工的過程中，並無因不當的作業或瑕疵材料的使用，而造成有瑕疵的商品，例如缺少零件、外觀受損，或是不具應有功能等，以及商品在功能、型式、材料與品質等設計上無不當或缺陷的情形，才能免責❶。所謂欠缺，並不以商品製造人有故意過失為前提，即便製造人無過失，仍應對此欠缺負賠償責任。應注意的是，並非所有上述的欠缺均可舉證免責，依第191條之1第三項的規定，「商品之生產、製造或加工、設計，與其說明書或廣告內容不符者，視為有欠缺。」此種欠缺便無法舉證推翻。民法之所以特別重視這種說明與廣告的欠缺，乃基於一般消費習慣上，消費者大多信賴商品的說明或廣告內容，如果商品實際的品質功能與說明或廣告不符，消費者在購買時不易察覺，容易因誤信而導致損害，所以法律以較重的責任，要求商品製造人就商品的生產、製造或加工、設計據實說明，並不為不實的廣告。

2. 損害與商品的生產、製造或加工、設計的欠缺無因果關係

　　商品製造人如能證明使用或消費商品者的損害，並非因商品的生產、製造或加工、設計的欠缺所致，即可免責；換言之，縱然商品存在上述的欠缺，但如果此欠缺與損害間不具因果關係，則商品製造人無責任可言。例如：汽車安全氣囊並未在車禍中爆開，但駕駛死亡的原因卻是心臟病突發所致，此時使用人的損害與商品瑕疵之間不發生因果關係，汽車或安全氣囊的製造人便不須為駕駛的死亡負損害賠償責任。

3. 對於防止損害的發生已盡相當的注意

　　相當的注意指善良管理人的注意，若商品製造人證明其對防止損害的發生已盡相當的注意，縱使損害依然發生，商品製造人仍不須負責。例如商品如有危及使用或消費者生命、身體、健康及財產等的可能性時（如有副作用或可能引起過敏的藥物、具腐蝕性的藥劑，或容易爆裂的物品等），商品製造人即必須附加說明，否則不能被認定對防止損害的發生已盡相當的注意。商品經過品質管制或已送政府機關檢驗合格，商品製造人不能據此即證明其對防止損害已盡注意義務，仍須以具體的事實證明，不得僅以

❶　林世宗，前揭《消費者保護法之商品責任論》，pp. 115–122。

此作為免責的理由。（參照第 191 條之 1 新增理由三）

二、動力車輛駕駛人之責任

㈠概　說

　　民法債編於民國 88 年大幅修正，關於動力車輛駕駛人之責任，增訂民法第 191 條之 2，規定：「汽車、機車或其他非依軌道行駛之動力車輛，在使用中加損害於他人者，駕駛人應賠償因此所生之損害。但於防止損害之發生，已盡相當之注意者，不在此限。」其立法理由主要是鑑於近代交通發達，而因動力車輛肇事致損害人之身體或財產的事件日益增多，致使一般大眾的危險性增高，所以參考外國立法例後增訂本條。然而行車交通事故的發生，未必完全是駕駛人的責任，如果要求駕駛人就損害負接近無過失責任，可能造成車輛使用率的降低，不利經濟的發展。因此，本條但書部分規定駕駛人如果能夠舉證於防止損害之發生，已盡相當之注意，而損害

圖 4-5　動力車輛駕駛人

仍不免發生，駕駛人便無須就他人的損害負責；換言之，動力車輛駕駛人的責任採推定過失責任，也就是中間責任。另外，本條的賠償義務人為實際駕駛的人，所以車輛的所有人或占有人，除因民法第 188 條（僱傭關係），或是第 224 條（代理人或使用人關係）而須與駕駛人連帶負賠償責任外，僅需依第 184 條負一般侵權行為責任，並不適用本條的規定❸。

㈡動力車輛駕駛人責任之成立要件

1. 汽車、機車或其他非依軌道行駛之動力

---

❸ 原第 191 條之 2 增修條文尚有第二項規定：「前項情形，駕駛人非車輛之占有人者，其占有人應與駕駛人負連帶賠償責任。但占有人於防止損害之發生，已盡相當之注意，或駕駛人係違反占有人之意思而為車輛之使用者，不在此限。」但立法院為免對社會結構產生重大衝擊，或是對借車讓人使用的感情交流活動，產生巨大變化，所以在審查時將本項刪除。

車輛

本條將適用的加害車輛限縮在動力車輛，以及類似汽車、機車等非依軌道行駛的車輛。動力車輛是指以引擎發動運轉的車輛，所以如腳踏車或人力車等並不包括在內；拖車定置在某一特定地點，也非動力車輛，但如果該拖車與其他動力車輛組合而成為聯結車（全聯結車與半聯結車），則屬於動力車輛的一種。至於汽車、機車等非依軌道行駛的車輛，應包括客車、貨車、客貨兩用車、特種車與機車等（道路交通安全規則第三條），排除火車、電車、捷運電聯車等依軌道行駛的動力車輛[104]。特殊用途的動力車輛，如耕耘機、堆高機、挖土機等，因非行駛於公路或市區道路的動力車輛，所以不適用公路法（第 2 條第七款）、道路交通安全規則（第 3 條），或是強制汽車保險法（第 2 條第一款）的規定，但民法對於此類車輛駕駛人的責任，並無明文排除的規定，因此只要符合本條要件，特殊用途的動力車輛駕駛人也必須依本條負責[105]。

2. 須於動力車輛使用中加損害於他人

動力車輛駕駛人責任的成立，僅限於車輛在使用中造成他人受損的狀況。「使用」的意義並不以車輛在行駛中為限，只須事實上有使用的狀態便已足夠，所以將行駛或剛行駛完的時段，也在適用範圍之內[106]。因此，違規停放在暗巷的車輛，因駕駛人停車不當而機車騎士不慎撞上，或是車輛放置停車塔，卻因設施傾斜，而使車輛掉落傷及路人，駕駛人僅依第一八四條負責，不適用本條規定；但車輛停放路邊斜坡仍未熄火，因煞車不當向下滑動而造成他人損害，或是下車時突然開門撞傷他人、裝載貨物時未捆牢致貨物掉落傷人等情形，仍應認定是車輛在使用中，駕駛人須依本條

---

[104] 依軌道行駛的動力車輛與大眾運輸有關，其駕駛人的責任多以特別法規定，例如鐵路法、大眾捷運法等，不足的部分則依民法第 184 條一般侵權行為責任補足。

[105] 關於此點，學者林誠二教授有不同的看法，認為此等特殊用途車輛的目的並非運輸，自立法意旨觀察，顯然並非第 191 條之 2 的規定所能適用。參見林誠二，前揭《民法債編總論──體系化解說（上）》，p. 325。

[106] 邱聰智，前揭《新訂民法債編通則（上）》，p. 232。

負擔賠償責任。本條所稱的損害，指侵害法律所保障的所有權利及利益而言，與商品製造人責任的規定類似。

3. 損害與車輛使用間有因果關係

本條條文中並沒有如第 191 條第二項一般，具有欠缺與因果關係的推定，所以仍然須依侵權行為的一般舉證的原則，被害人有義務證明其所受的損害，與駕駛人使用動力車輛之間，具有相當的因果關係，否則駕駛人的侵權行為責任不成立。

(三)動力車輛駕駛人之免責

本條雖未推定動力車輛駕駛人車輛的欠缺，以及損害與使用車輛間有因果關係，但仍推定駕駛人對於防止損害的發生，未盡相當的注意（善良管理人的注意），法律推定其行為有過失；所以依但書的規定，如果駕駛人能舉證推翻此一推定，即可免責。換言之，立法者期待動力車輛的駕駛人對防止損害的發生有作為的義務，不容許有懈怠不盡應盡注意義務的情形，所以條文中並沒有「縱加以相當注意，仍不免發生損害」的免責事由。法律課與駕駛人此較高的責任，希望駕駛人隨時提高警覺，藉此減少日益嚴重的交通安全問題，但是否對駕駛人的要求過苛，有待立法機關進一步研究。至於是否已盡注意義務的標準，應依具體的事實而定，而某些特別法，如道路交通安全規則等，有關駕駛人注意的事項，可作為判斷駕駛人是否已盡注意的參考；例如，道路交通安全規則第 89 條第一項規定，行車前應注意的事項有：方向盤、煞車、輪胎、燈光、雨刷、喇叭、照後鏡及依規定應裝設之行車紀錄器、載重計與轉彎、倒車警報裝置等須詳細檢查確實有效、行車執照、駕駛執照及其他依法令規定必須隨車攜帶之證件，均應攜帶、隨車工具須準備齊全、兒童須乘坐於小客車之後座、駕駛人及前座乘客均應繫妥安全帶，以及起步前應顯示方向燈，注意前後左右有無障礙或車輛行人，並應讓行進中之車輛行人優先通行等。

三、危險製造人之責任

(一)概　說

民法第 191 條之 3 規定：「經營一定事業或從事其他工作或活動之人，其工作或活動之性質或其使用之工具或方法有生損害於他人之危險者，對他人之損害應負賠償責任。但損害非由於其工作或活動或其使用之工具或方法所致，或於防止損害之發生已盡相當之注意者，不在此限。」自工業革命以來，人類社會無論是在工作及活動的方式，或是使用的工具及方法上，皆有長足的進步，但其副作用卻是危險發生的機率大增。如果所有損害的發生，均須由被害人證明經營一定事業或從事其他工作或活動的人有過失，則被害人將難獲得賠償的機會，造成社會不公平現象。同時，從事危險事業或活動者製造危險來源，所以在某種程度上應有控制危險的能力，且這些人因危險事業或活動而獲取利益，因而必須就此危險所生的損害負賠償的責任，才能符合公平正義的要求。因此，為使被害人獲得周全的保護，凡經營一定事業或從事其他工作或活動之人，對於因其工作或活動的性質，或其他使用的工具或方法有生損害於他人的危險，對於他人因此所受的損害，應負損害賠償責任。而在請求賠償時，被害人只須證明加害人的工作或活動的性質或其使用的工具或方法，有生損害於他人的危險性，而在其工作或活動中受損害即可，不須證明其間有因果關係；但加害人能證明損害非因工作或活動或其使用之工具或方法所致，或於防止損害之發生已盡相當之注意者，則免負賠償責任。（參照第 191 條之 3 新增理由）危險製造人既然有舉證免責的機會，所以危險製造人責任也屬於中間責任的一種。

(二)危險製造人責任之成立要件

1. 須為經營一定事業或從事其他工作或活動之人

第 191 條之 3 雖未在條文上明白說明經營或從事何種事業或工作活動的人，但本條的目的是在規範危險製造人責任，所以解釋上本條的賠償義務人應有下列三種：

(1)經營一定危險性事業的人，包

圖 4-6　危險製造人

括自然人與法人，例如：經營化學工廠的人、經營爆竹製造的公司、經營廢五金回收再利用的合夥事業，或是經營瓦斯裝填的獨資企業等。

(2)從事危險性工作的人，例如：從事大樓爆破工作、炸山開礦、拆屋重建，或是施放煙火的人。

(3)從事危險活動的人，例如：舉辦賽車、賽船、煙火秀、豐年祭、造勢晚會、中元搶孤、露天演唱會、影歌星簽名會等活動的人。

所謂工作或活動，並不以常態性的實施為限，偶一為之的危險性工作或活動也包括在危險製造人責任的範圍內 **❿**。所以，某項活動由某公司承攬，如果該活動具有危險性，即便是僅舉辦一次，只要造成他人的受損，主辦的公司與實際操作者均應依本條負賠償責任。

2.須工作或活動之性質或其使用之工具或方法有生損害於他人之危險

本條所列的賠償義務人，必須在工作或活動的性質，或使用之工具或方法，有生損害於他人危險的情況下，才有賠償義務可言。所謂生損害於他人的危險，例如：工廠排放廢水及廢氣、筒裝瓦斯廠填裝瓦斯（事業本身的危險）、家庭棄置一般有害廢棄物（工作本身的危險）、燃放煙火（活動本身的危險）、使用高溫鍋爐設備（使用工具的危險）、使用炸藥開礦（使用方法的危險）等 **❿**。

3.須有損害的發生

所謂損害，應包括權利與利益上的受損。被害人必須證明造成其損害的工作、活動或其使用的方法或工具具有危險性，但此證明僅須依論理法則或經驗法則，證明損害的發生具有相當程度的可能性（蓋然性）便已足夠，不需舉證損害與此危險有因果關係。例如：舉辦大型的跨年晚會，由於觀眾過於激情而發生推擠受傷的事件，受損害的觀眾僅需舉證該類型的活動在社會一般經驗上，具有致人損害的蓋然性，主辦單位即須負危險製造人責任。

---

❿　林誠二，前揭《民法債編總論──體系化解說（上）》，p. 333。

❿　邱聰智，前揭《新訂民法債編通則（上）》，p. 245。

㈢危險製造人之免責

第 191 條之 3 推定損害與危險事業工作或活動之性質或其使用之工具或方法有因果關係，以及危險製造人因過失對防止損害的發生，未盡善良管理人的注意。但為避免過度的擴張危險事業工作人與危險活動舉辦人的責任，阻礙相關事業的發展與活動的進行，本條但書規定，如果危險製造人能夠舉證推翻上述因果關係與過失的推定，則不須負本條的責任。例如：主辦梁皇寶懺的寺廟所搭建的看臺倒塌，造成信徒多人受傷送醫，如果廟方能夠證明倒塌意外是有人故意鋸斷支柱所致，則信徒的損害與危險活動間無因果關係，此時廟方即可免責。又如，以炸藥爆破的方法拆除大樓時，造成他人的損害，如果承攬此危險工作的公司在進行前已確實疏散附近住戶，並以柵欄圍籬圈出一定的安全範圍，被害人是因好奇希望就近觀看，而趁人不注意擅自進入禁區，則危險製造人可證明其對防止損害的發生，已盡相當的注意，以此作為免責的事由。

◉ 第五節　案例研究

▰▰ 案例一 ▰▰

小張為某上市公司的董事，為避免他人瓜田李下的懷疑，利用其妻舅小銘的名義，在證券商開立帳戶買賣股票，並承諾將股票獲利的一成給予小銘吃紅，小銘因此欣然接受。然而小張卻利用該戶頭從事內線交易，遭調查局查獲，受害的投資人向小張及小銘請求賠償，但小銘表示其僅為「人頭戶」，從頭到尾不知發生何事。試問小銘有責任嗎？

解　析

本案中小張所應負的責任，屬於民法第 184 條第二項「違反保護他人法律」類型的侵權行為責任；該保護他人的法律則為證券交易法第 157 條之 1 有關防範「內線交易」的規定。而小銘是否需要與小張共同負擔此項責任？則須檢驗小銘與小張是否為民法第 185 條的共同侵權行為人。共同侵權行為有三種型態，分別是共同加害行為、共同危險行為，以及造意及幫助，而本案的情形接近共同加害行為，所以依其要件加以分析其適用的可能性。共同加害行為的要件包括(1)行為人為數人；(2)共同行為人均須具備侵權行為的要件，及(3)共同侵權行為人之行為須有共同關聯性。本案中，小張與小銘符合前二項的要件，有疑問的是第三項，因小銘雖然出借「人頭」，但對內線交易一事毫無知悉，是否可視為共同關聯性？關於此點，學說與實務雖曾有不同的見解，但目前通說認為，所謂關聯性應採客觀的標準，亦即採廣義解釋，舉凡意思有聯絡之人或行為有關連性之人，皆應依民法第 185 條規定共負共同侵權之連帶賠償責任。基此，一旦使用者涉及證交法第 157 條之 1 的損害賠償責任時，人頭戶即有可能因知情將其帳戶借與他人使用，而須負共同侵權之連帶賠償責任。

案例二

小胖放學回家，迫不及待的問媽媽有什麼好吃的，其母回答烤箱中有牛排，可以自行取用。小胖依指示打開烤箱，烤箱卻突然爆炸，造成小胖多處灼傷，緊急送醫急救。事後其母打電話給當初購買烤箱的「全臺」電器行要求負責。但電器行老闆卻表示應直接向製造商索賠。可是，當其母向製造商「四菱」公司反應時，「四菱」卻推託其詞，認為其應尋求電器行負責。試問到底何者需負侵權行為的責任？

 解 析

　　本案中小胖與其母為消費者,「四菱」是製造商,依民法第 191 條之 1 的規定,「四菱」可能需要負擔商品製造人的責任。商品製造人責任的成立要件包括:⑴行為人須為商品製造人,及⑵須因商品的正常使用或消費致他人受損。因此,如果小胖母子能夠舉證其為正常使用商品而受損,則「四菱」便需要負擔損害賠償責任,被害人無須舉證「四菱」有故意或過失,亦即四菱應負「過失推定」的中間責任。但如果「四菱」能夠反證對其商品的生產、製造或加工、設計無欠缺、被害人的損害與該項欠缺無因果關係,或對於防止損害的發生已盡相當的注意,則可免責(民法第 191 條之 1 第一項但書)。另外,依照消保法第 7 條第一項規定,從事設計、生產、製造商品或提供服務之企業經營者,於提供商品流通進入市場,或提供服務時,應確保該商品或服務,符合當時科技或專業水準可合理期待之安全性。」「四菱」並未符合該項規定,致生損害於消費者,所以依同條第三項規定,應負連帶賠償責任。但「四菱」如能證明其無過失,法院得減輕其賠償責任。消費者保護法為民法的特別法,當二法競合時,依特別法優於普通法的原則,應優先適用消保法。

　　「全臺」電器行並非民法所稱的商品製造人,因而不需依民法負侵權行為的賠償責任;但依消保法第 8 條規定,從事經銷之企業經營者,就商品或服務所生之損害,與設計、生產、製造商品或提供服務之企業經營者連帶負賠償責任;因此,除非「全臺」對於損害之防免已盡相當之注意,或縱加以相當之注意而仍不免發生損害,「全臺」仍應與「四菱」負連帶賠償責任。

案例三

甲建設公司將一工地的鐵欄杆工程發包予乙所經營的鐵工廠施工，乙在施工時，因安裝不當導致欄杆由五樓掉落，擊中丁服飾公司的招牌，丁損失約 10 萬。丁不堪損失，遂向乙請求賠償，但乙卻無力償還，丁因而轉向業主甲請求賠償，但甲卻置之不理。丁應該怎麼辦？

 解　析

　　本案中甲建設公司將部份工程交由乙鐵工廠代為處理，此種契約依民法第 409 條第一項規定，稱為「承攬契約」；因此，乙為他人完成一定工作的人，便稱為「承攬人」，甲約定他人完成一定工作後給予報酬，則為「定作人」。而承攬人對他人有侵害行為時，定作人的責任如何，則應依民法第 189 條的規定辦理。定作人責任之成立要件包括：(1)須承攬人執行承攬事項所為之侵權行為；(2)定作人於定作或指示有過失，以及(3)定作人的過失與損害之間有因果關係。本案中丁的損害乃因乙的過失所致，有因果關係；而乙侵害丁財產權時，乃在於執行承攬事項，所以定作人甲是否需要負責，取決於甲在定作或指示時是否有過失。如果定作人無過失，則承攬人自負民法第 184 條第一項前段之侵權責任 (民法第 189 條本文)；倘若定作人在定作當時明知或應知有危險發生的可能性，但仍要求承攬人從事該項工作，終於導致損害的結果，則定作人亦應負賠償之責 (民法第 189 條但書)。因此，承攬人乙的侵權責任甚為明確，而定作人甲的賠償責任，則應視甲的定作或指示有無過失而定。甲如有過失，即應與乙負連帶賠償責任 (共同侵權行為人)。

第五章

侵權行為之效力

第五章　侵權行為之效力

誠如第二章概說中所述，侵權行為屬於債的發生原因之一，因為侵權行為一成立，被害人即可依法向行為人請求損害賠償，而這種型態的債，便稱為「損害賠償之債」。損害賠償之債不以侵權行為為限，其他如債務不履行、不當得利、無因管理等，均有可能發生損害賠償之債。所以民法針對損害賠償之債，定有一般性的規定：民法第 213 條至第 218 條規範損害賠償的原則與例外、方法與範圍、損益相抵與過失相抵，以及生計減免等，作為解決損害賠償之債共通問題的途徑。然而有關侵權行為的損害賠償，與其他種類的損害賠償之債相較，確實有其特殊之處，所以民法對此設有特別規定（第 192 條至第 198 條），藉以區分。所以在適用上，應優先適用侵權行為的特別規定，但在無特別規定時，仍應回歸適用一般性的規定。

一般而言，損害賠償的功能是對已發生的損害加以彌補，屬於事後的救濟；但對於有發生損害之虞的行為，如果不及時制止或預防其發生，可能使損害因此而擴大，對被害人並不公平。因此，民法對於一般人格權（第 18 條）、姓名權（第 19 條）、所有權（第 767 條）及占有（第 962 條），明定有除去妨害或防止妨害的請求權。至於侵權行為是否也應有防止或除去侵害請求權的適用，法律上並無明文規定，解釋上應認為此種權利屬於特別性的規定，而非一般性的規定，如果承認侵權行為亦有此權利，對一般人的行動自由限制頗大，對社會的進步也會造成一定程度的阻礙。因此，在法無明文的情況下，不宜衍生排除或除去侵害請求權。然而，隨著文明科技的發展，企業的加害行為的威脅逐漸增強，人民生活容易受其干擾而受損，因此對可能發生的危險，有必要防範於未然。目前我國已陸續制定具公法性質的相關規範，藉以防止水（水污染防治法）、空氣（空氣污染防制法）、噪音（噪音管制法）及廢棄物（廢棄物清理法）的污染，將有效提升人民生活品質與安全❶。

◉ 第一節　損害賠償之當事人

一、賠償義務人

賠償義務人即為損害賠償之債的債務人，也就是侵害他人權利或利益的行為人或加害人。如前章所述，在特殊侵權行為的情形下，賠償義務人並不一定是行為人，如法定代理人、僱用人、定作人、動物占有人、工作物所有人、商品製造人、動力車輛駕駛人或危險事業經營人等，也必須負損害賠償責任，亦為債務人。

二、賠償請求權人

賠償請求權人是指權利或利益受到侵害的人，是為損害賠償之債的債務人，在法律上享有損害賠償的請求權。債務人依其被侵害的狀態，可分為直接被害人與間接被害人：

㈠直接被害人

直接被害人指權利或利益直接受到侵害而受損的人，通常賠償請求權人屬於這種類型。但對於生命權受侵害的人，其生命受到侵害而消滅時，權利能力亦隨之消失，而繫於該當事人的所有請求權，均無法成立，所以無損害賠償請求權可言。

㈡間接被害人

間接被害人指他人的權利或利益受到侵害，間接導致自己權益受損的人。這種人的損害有因他人生命權受侵害而生者，也有因代為支付費用者，或是有受扶養權利受損者，以及精神上受有損害者。詳述如下：

1. 為被害人支出醫療及增加生活上需要之費用或殯葬費之人

民法第 192 條第一項規定：「不法侵害他人致死者，對於支出醫療及增加生活上需要之費用或殯葬費之人，亦應負損害賠償責任。」這種債權人是

---

❶　孫森焱，《民法債編總論上冊》，自刊，2004 年 1 月修訂版，pp. 342–343。

實質支出費用的人。此類賠償請求權人，在法律上屬於間接被害人得請求損害賠償的特例。醫療費用或增加生活所需的費用如由被害人生前支付，則其繼承人可繼承死者生前對加害人因民法第 193 條所生的債權（第 1148 條），請求行為人履行。但如果此費用或喪葬費是由第三人支付，第三人雖可向繼承人主張無因管理或其他法律關係，請求返還支出的款項；但畢竟此費用的產生，乃因行為人的侵害行為所致，所以民法特別作此規定，藉以鼓勵熱心及懲罰加害人。值得注意的是，支出人與被害人的關係並非決定有無賠償請求權的標準，這些費用的支出雖本於道德上給付的意思，例如為受害致死的友人殮葬，或甚至是盡法律上的義務，例如父母為被害的未成年子女支付醫藥費，仍有本條的適用❷。

2. 被害人的法定扶養權利之人

第 192 條第二項規定：「被害人對於第三人負有法定扶養義務者，加害人對於該第三人亦應負損害賠償責任。」所謂法定扶養權利人，其範圍依民法第 1114 條規定，包括「直系血親相互間、夫妻之一方與他方之父母同居者，其相互間、兄弟姊妹相互間、家長家屬相互間。」另依第 1116 條之 1 的規定，夫妻間亦互負扶養的義務。值得注意的是，此受扶養的權利，必須以「不能維持生活」而「無謀生能力」者為限（兩者兼備），但「無謀生能力」的限制並不適用於直系血親尊親屬（民法第 1117 條）；然而直系血親尊親屬受扶養的前提，實務上認為仍須以「不能維持生活」者為限❸。

3. 被害人之父、母、子、女及配偶

除損害賠償之外，民法對生命權的侵害，亦設有精神慰撫金的規定。民法第 194 條規定：「不法侵害他人致死者，被害人之父、母、子、女及配偶，雖非財產上之損害，亦得請求賠償相當之金額。」請求權人為被害人的至親，居此法律地位者，即取得請求此非財產上金錢賠償的基礎。此為慰撫金的特別規定，是一種精神上的損害賠償。被害人的父、母、子、女及

❷　邱聰智，《新訂民法債編通則（上）》，自刊，2003 年 1 月新訂一版修正二刷，p. 265。

❸　參照最高法院 62 年 7 月 16 日第二次民庭庭推總會會議決議。

配偶的慰撫金請求權，是基於其特殊身分而生，並非因繼承被害人對加害人的債權。所謂的「子女」，解釋上應包括胎兒（非死產）在內❹，但非婚生子女在認領之前，仍無此慰撫金的請求權。

◉ 第二節　損害賠償的方法與範圍

一、損害賠償之方法

　　一般損害賠償的方法，依民法第 213 條第一項的規定，負損害賠償責任者，除法律另有規定或契約另有訂定外，應回復他方損害發生前的原狀；換言之，是以回復原狀為原則。但在特殊的情況下，例如經債權人定相當期限催告後，逾期不為回復時（民法第 214 條），或是不能回復原狀或回復顯有重大困難（民法第 215 條），債權人得例外的請求金錢賠償以替代回復原狀。然而侵權行為的損害賠償方法，無論是費用、扶養費、慰撫金、毀損、增加生活上需要，或是喪失或毀損勞動力的損害賠償，均以金錢計算損害賠償，明顯與一般的規定不同。但在解釋上仍不應排除回復原狀原則的適用，應認除性質上不屬於回復原狀的情況外（例如：殯葬費、扶養費，及慰撫金），回復原狀的請求權與金錢賠償的請求權應屬併存，債權人有權在此二請求權中擇一行使以滿足債權❺。此外，損害賠償一般規定中無關賠償計算方法的條文，例如損益相抵（民法第 216 條之 1）、過失相抵（民法第 217 條）、生計減免（民法第 218 條）的規定，侵權行為的損害賠償仍有適用❻。

---

❹　參照最高法院 66 年臺上字第 2759 號民事判例。

❺　邱聰智，《新訂民法債編通則（上)》，自刊，2003 年 1 月新訂一版修正二刷，p. 266。

❻　參照最高法院 73 年臺再字第 182 號民事判例：「民法第一百九十二條第一項規定不法侵害他人致死者，對於支出殯葬費之人，亦應負損害賠償責任，係間接被害人得請求賠償之特例。此項請求權，自理論言，雖係固有之權利，然其權利係基於侵權行為之規定而發生，自不能不負擔直接被害人之過失，倘直接被

二、損害賠償之範圍

一般對於損害賠償的範圍，規定在民法第 216 條第一項，應以填補債權人所受損害及所失利益為限。侵權行為對賠償範圍並未有概括性的特別規定，所以基本上也適用此一原則。但為求明確計算損害賠償的範圍，民法第 192 條至第 196 條定有特別的規定，大致可分為財產上的損害與非財產上的損害；前者又可分為生命權、身體權或健康權，以及物的侵害；後者則分為生命法益、人格法益，以及身分法益的侵害。分述如下：

(一)財產上的損害

1. 生命權之侵害

民法第 192 條對於侵害生命權之人，規定應賠償為死者支付相關費用之人財產上的損失，而對死者有扶養請求權的第三人，也應負賠償責任。這些金錢的賠償是針對實際支出費用者的補償，並非對直接侵害生命權的賠償。我國實務上不承認被害人的繼承人有主張「餘命侵害」的賠償權利。所謂餘命，是指被害人如果生存而應有的剩餘生命。在權利侵害的觀點上，被害人本可繼續生存而有獲得利益，但卻因加害人的行為而縮短，死者的繼承人可能因為餘命收入的減少，而在繼承時有財產上的損失，所以理應有權向加害人請求餘命損失。然而我國通說與實務不認同此一看法，認為人的權利能力因死亡而終止，法律上因此無餘命的概念，損害賠償請求權便無從成立 ❼ ；再者，繼承人多為法定扶養請求權人，而民法已有賠償扶養的設計，如果允許繼承人有權請求餘命侵害的賠償，則無異給與雙重的利益，不符合公平原則 ❽ 。所以生前應得的餘命利益，並無法由繼承人請

害人於損害之發生或擴大與有過失時，依公平之原則，亦應有民法第二百十七條過失相抵規定之適用。」

❼　參照最高法院 54 年臺上字第 951 號民事判例。

❽　我國學者亦有肯定餘命侵害者，認為既然民法承認身體健康權受侵害時，可向加害人請求喪失或減少勞動力損失，而生命權的侵害乃必有身體的侵害，所以被害人已取得此喪減勞動力的請求權，其死後當然可由繼承人繼承此債權。再者，餘命利益與扶養費併存可能產生雙重利益的疑慮，解釋上可將之視為請求

求賠償。

依民法第 192 條的規定，侵害生命權之法定賠償項目如下：

(1)殯葬費

為死者之出殯葬費的人，對加害人有損害賠償請求權。殯葬費一般是指收殮與埋葬費用而言。其賠償範圍雖應以實際支出的費用為準❾，但仍應斟酌當地的習慣訂定；此外，被害人生前的身分地位、宗教信仰，以及經濟狀況也必須一併考慮。因此殯葬費並無一定的標準，在實務上則是以通常的支出為限，一般是以公立殯儀館所定標準計算，對於超出社會上所認知通常範圍的費用，並不在請求的範疇之內❿。

(2)醫療及增加生活上需要之費用

醫療費指被害人於生前為治療傷害所付出的費用，例如手術費、診療費，或針藥費等。增加生活上需要的費用，是指被害以前生活上無此需要，而於受侵害後有此必要，因而產生的費用（額外支出），例如看護費、輪椅費，或增建無障礙空間的費用等。為被害人實際支出上述費用的人，有權向加害人請求損害賠償。與前述殯葬費相同，醫療及增加生活上需要的費用，並沒有一定的計算標準，法院將依個案處理的方式定其範圍；但這些費用仍應在社會上合理的限度內，一旦逾越此限度，支出費用者對此超出的部分應無請求權。

(3)扶養費

被害人的生命權被侵害時，被害人對之有扶養義務者的權利同時遭到

權競合，或透過生計酌減等方法加以防止，無須因此而否認損害餘命利益的賠償請求權。參見邱聰智，前揭《新訂民法債編通則（上）》，pp. 272–273。

❾　參照最高法院 42 年台上字第 864 號民事判決。

❿　得請求之項目：1.棺木費、運棺車資；2.壽衣、墓地、誦經等費用；3.孝服、麻布；4.造墓及材料費、搬運屍體及埋葬費用；5.米飯、金紙，及 6.屍體保管、化妝、引魂、式場設備、遺像費用。不得請求之項目：1.祭獻牲禮費；2.喪宴費用；3.樂隊費用；4.安置祿位及奉祀之費用；5.毛巾、手帕、鮮花山，及 6.訃聞、登報費。參照臺北市政府交通大隊網站：
http://www.tpd.gov.tw/menu/laws_ques_civil.htm。

侵害，所以法律賦予受扶養人向加害人請求損害賠償的權利。所謂的扶養義務，僅針對法定扶養義務（第 1114 條）而言，不包括約定扶養義務。法定扶養權利人應受扶養年限，原則上受扶養權利人如為直系血親卑親屬時，受扶養期間算至成年前一日，但扶養權利人雖已成年，卻因特殊情形而不能維生且無謀生能力時，亦可請求損害賠償⓫；受扶養權利人為直系血親尊親屬時，受扶養期間依其餘命計算（參考內政部編印「臺灣地區歷年居民平均餘命表」）。扶養費之計算標準應按被害人與受扶養權利人的關係，被害人將來或現在的收入，受扶養權利人的需要及被害人經濟能力及身分訂定。訴訟實務上常以個人綜合所得稅扶養親屬寬減額，作為每年扶養費的請求標準，再乘以應受扶養的年限；但仍應考量各地方之社會環境與經濟狀況不同，不能以扶養親屬寬減額為全國唯一的依據⓬。然而如果扶養義務人能夠證明被害人生前扶養的範圍除生活費外，尚有其他費用，也可舉證請求賠償。扶養費的支付方式，民法並未限制，如以一次給付，即應扣除中間利息，扣除的方法依霍夫曼式計算法以單利計算⓭；法院也可依當事人的聲請，命賠償義務人支付定期金，並要求義務人提出擔保（第 192條第三項準用第 193 條第二項）。此外，親友致送的奠儀（贈與），或是公務員依公務人員撫卹法的規定而領得的撫恤金（國家恩給），與賠償扶養費的性質迥然不同，皆不應由賠償金中扣除⓮。

⓫　孫森焱，前揭《民法債編總論上冊》，p. 345。

⓬　參照最高法院 76 年臺上字第 1908 號民事判例。

⓭　參照最高法院 29 年附字第 379 號民事判例：「依民法第一百九十二條第二項，命加害人一次賠償扶養費用，須先認定被害人於可推知之生存期內，應向第三人支付扶養費用之年數及其歷年應付之數額，並就歷年將來應付之數額，各以法定利率為標準，依霍夫曼式計算法，扣除各該年以前之利息，俾成歷年現在應付之數額，再以歷年現在應付之總數為賠償額，方為合法。」

⓮　參照最高法院 63 年 10 月 22 日第 5 次民庭庭推總會議決議㈢：「撫卹金係依公務人員撫卹法（公法）之規定而領得，其性質為受領國家之恩惠，與依民法之規定對於加害人請求賠償扶養費，全異其趣，自不得於依法應賠償扶養費之金額中扣除。」

2. 身體權或健康權之侵害

依民法第 193 條第一項規定，對於身體權或健康權的侵害，加害人應負以下的賠償責任：

(1)喪失或減少勞動能力

所謂喪失或減少勞動能力，是指職業上工作能力全部或一部的喪失，工作能力減少自然影響收入，所以屬於財產上的損失。勞動能力究竟是全部或一部分喪失，法院在審理過程中，時常參考醫院的鑑定報告、被害人原有工作技能、工作性質，以及再就業的可能等因素訂定。勞動能力減少及殘存勞動能力的價值，不能以現有的收入為準，現有收入常常因為特殊因素而與實際所剩餘的勞動能力不符，現有收入高的人，一旦喪失其職位，未必能自他處獲得同一待遇，所以所謂減少及殘存勞動能力的價值，應以其能力在通常情形下可能取得的收入為標準❶❺。因此，有工作者不以現有的收入為準，評價勞動能力的損害，應就被害人受侵害前之教育程度、專門技能、社會經驗、健康狀態，在通常情形下可能取得之收入等方面，為酌定賠償金額的標準；商人的經營能力固然是勞動能力的一種，但營業收入主要基於財產的運用，資本及機會等皆為收入的要素，所以不能全部視為勞動能力的所得❶❻。無工作之未成年人可按其在校成績及政府單位公佈之各統計資料作為參考；無工作之主婦可按同樣工作內容僱請傭人或管理代勞應付的報酬，估算損害額；失業者就其年齡、學經歷及失業前的職業、年收入等因素認定。被害人雖為不具謀生能力的幼兒，但被害人在通常的情形下，成年時必有勞動能力。此種將來的謀生能力，如果由於身體或健康現在受有侵害，導致預期有減少的情形時，現在應允許向加害人為損害賠償的請求；至於損害賠償額的認定標準，因被害人將來的職業現在無法預知，應可斟酌其資質、性格、家庭狀況，與其他特殊情形決定❶❼。喪失或減少勞動能力的損害賠償方式，是以一次給付為原則（扣除中間利息），

---

❶❺　參照最高法院 61 年臺上字第 1987 號民事判例。

❶❻　參照最高法院 63 年臺上字第 1394 號民事判例。

❶❼　參照最高法院 72 年臺上字第 1550 號民事判決。

但依民法第 193 條第二項的規定，法院得因當事人聲請，命肇事者提出擔保，並命其支付定期金分期賠償。

(2)增加生活上之需要

被害人在遭受侵害後，才開始需要支付的費用，即為增加生活上的需要。例如醫療費用、整形手術費用，或是義肢、義齒、義眼、拐杖等費用，以及就醫期間的看護費用，都屬於增加生活的需要，加害人依法必須賠償。婦女遭強制性交懷孕生子，因而必須支出扶養費用，實務上認為屬於侵權行為所生的財產上損害，被害人得依民法第 184 條第一項規定請求賠償損害，但並非第 193 條第一項所定的增加生活上的需要，所以被害人不能以此請求損害賠償[18]；但被害人在懷孕後至生產前所增加的負擔與支出（如營養費），仍應視為增加生活上的需要，對加害人有損害賠償請求權。至於損害賠償的方式，則與喪失或減少勞動能力相同。

3. 物之侵害

民法第 196 條規定：「不法毀損他人之物者，被害人得請求賠償其物因毀損所減少之價額。」關於物的侵害，可分為滅失與毀損兩種情況，對於前者的賠償，應依一般的損害賠償規定，以回復原狀為原則（民法第 213 條第一項）；而後者則屬於侵權行為法中對侵害他人之物的特別規定，適用第 196 條的規定，被害人得請求加害人賠償其物因毀損所致的價額損失。然而，如果物因毀損所減少的價額，有時難於估計，且被毀損者有回復原狀的可能時，被害人有時較願請求回復原狀。因此，為保護被害人起見，實務上認為被害人除得主張本條的請求權（金錢賠償）外，並不排除請求回復原狀的權利[19]；亦即被害人有選擇權。既然被害人仍有回復原狀的請求權，物被毀損所減少的價額當然得以修復費用為估定的標準，但應以必要費用為限（如修理材料以新品換舊品則必須折舊）。例如：車輛之修護需人工及材料，修護工作除直接施工者外，尚須查估、材料採購、試車油料等間接費用，此間接費用亦應列入修護費用計算[20]。被害人如能證明其物因

---

[18]　參照最高法院 62 年臺上字第 2693 號民事判例。

[19]　參照民法第 196 條修正說明。

毀損所減少之價額，超過必要的修復費用時，仍可就其差額請求賠償❷。例如，甲所有的自小客車合法停放路邊停車格，卻遭乙不當駕駛的卡車撞及，造成車頭嚴重受損。此時甲除可向乙請求修理費用十萬元外，亦可請求自小客車修復後市價上的損失。

(二)非財產上的損害

1. 生命權的侵害

民法第 194 條規定，侵權行為被害人的父、母、子、女及配偶，雖非財產上的損害，亦得請求賠償相當之金額。此即所謂的「慰撫金」。慰撫金請求權的規定，是藉向加害人請求金錢賠償，以撫慰被害人因至親死亡所遭受的精神上的痛苦。此為獨立的請求權，是基於身分關係所生，並非繼承被害人的權利。此外，法院對於慰撫金的量定，應斟酌被害人及其父、母、子、女及配偶之身分、地位及經濟狀況等關係定之，不應僅以被害人與實施侵權行為人的資力為衡量標準❷。

2. 身體、健康、名譽、自由、信用、隱私、貞操，或不法侵害其他人格法益之侵害

民法第 195 條第一項規定：「不法侵害他人之身體、健康、名譽、自由、信用、隱私、貞操，或不法侵害其他人格法益而情節重大者，被害人雖非財產上之損害，亦得請求賠償相當之金額。其名譽被侵害者，並得請求回復名譽之適當處分。」有關本條所提及的人格權的本質、特性與慰撫金的討論，已於第二章第一節中詳述，所以不再重複。

3. 身分法益之侵害

民法第 195 條第三項規定：「前二項規定，於不法侵害他人基於父、母、子、女或配偶關係之身分法益而情節重大者，準用之。」有關父、母、子、女或配偶關係的身分法益受侵害時，亦得如一般人格法益般，請求加害人支付精神慰撫金，但本條並不包括生命權遭侵害的慰撫金請求權，因此情

---

[20]　參照最高法院 77 年臺上字第 1199 號民事判決。

[21]　參照最高法院 77 年 5 月 17 日第 9 次民事庭會議決議(一)。

[22]　參照最高法院 76 年臺上字第 1908 號民事判例。

形已於第 194 條另有規定，解釋上不再適用本條規定。此身分法益大致可分為親權、配偶權，以及繼承權，除繼承權不在本書討論範圍外，其他部分請詳見第二章第一節的說明，不再贅述。

◉ 第三節　損害賠償之特性

一、非財產上損害賠償請求權不得讓與或繼承

財產上的損害所產生的請求權，目的在於彌補被害人因財產權或人格權遭受侵害時，所產生之財產上的不利益，屬於一般的債權，並非專屬於被害人，因此具有移轉性，可以成為讓與或繼承的標的。但如果是非財產上的損失，依法被害人得請求慰撫金，但此請求權是為撫慰被害人精神上的痛苦所生，與被害人的人身攸關，為其本身的權利，所以不具移轉性，既不得讓與，也不得繼承。因此民法規定身體、健康、名譽、自由、信用、隱私、貞操，或其他人格法益受侵害而情節重大時，被害人非財產上的損害賠償請求權，不得讓與或繼承（民法第 195 條第二項本文）。此外，基於父、母、子、女或配偶關係之身分法益受侵害而情節重大時，這些人的非財產上的請求權，也不得讓與或繼承（民法第 195 條第三項）。因侵權行為致死之人的父、母、子、女或配偶依法取得的非財產上的損害賠償請求權，民法雖未明文規定該權利不得讓與或繼承，但其性質與前述二種請求權類似，屬於被害人專屬的權利，所以解釋上應認為此請求權亦不得讓與或繼承❷。然而，如果這些非財產上損害賠償請求權是以金錢賠償為內容（慰撫金）❷，且已依契約承諾或已起訴時，則此債權被轉換為單純的金錢債

---

❷　參照最高法院 84 年臺上字第 2934 號民事判例謂：「非財產上之損害賠償請求權，因與被害人之人身攸關，具有專屬性，不適於讓與或繼承。民法第一百九十五條第二項規定，於同法第一百九十四條規定之非財產上損害賠償請求權，亦有其適用。」

❷　不以金錢賠償為內容者，例如民法第 195 條第一項後段規定：名譽被侵害者，

權，被害人要求賠償的意思已決定，專屬性隨之消失，因此可以讓與或繼承（民法第 195 條第二項但書）。

二、消滅時效之特別規定

民法總則有關請求權消滅時效期間的規定，原則上是以十五年為準（民法第 125 條），例外也有五年或二年短時效的情形（民法第 126 條及第 127 條）。侵權行為的相關立法具有特別規定的性質，所以與一般性的規定有所出入；民法第 197 條第一項規定：「因侵權行為所生之損害賠償請求權，自請求權人知有損害及賠償義務人時起，二年間不行使而消滅。自有侵權行為時起，逾十年者亦同。」原則上，侵權行為的請求權消滅時效為二年短時效，起算點以知有損害及賠償義務人時起。所謂「知有損害」，指知悉受有何項損害而言，至於對於損害的金額則不需認識，所以將來即使損害金額變更，對於請求權消滅時效的進行並無影響❷⑤。此外，知有損害並非僅指單純知道有損害，也必須同時知道其所受的損害，是因他人的侵權行為所致，如果只知受損害及行為人，而不知此行為為侵權行為，則無從基於侵權行為請求賠償，更無時效進行的問題❷⑥。但如果被害人不知侵權行為加害人時，二年的時效無法進行，無異給予被害人永久的請求權，日後一旦知悉加害人，即有二年時間可以請求，如此與消滅時效制度尊重現存秩序、維護社會交易安全、簡化法律關係，及避免權利人長期不行使權利的宗旨不合。因此，第 197 條第一項設有十年的限制，即自侵權行為發生時起，超過十年時，無論被害人是否知有損害及賠償義務人，請求權均消滅。此十年的時效與一般消滅時效有所不同，其性質似乎是一種權利行使的期限，因此有學者認為此與除斥期間相當的類似，但多數學者與實務仍將十年時效視為長期時效，藉以與二年的短期時效區別❷⑦。例如：某甲遭不明人士

得請求回復名譽之適當處分。

❷⑤　參照最高法院 49 年臺上字第 2652 號民事判例。

❷⑥　參照最高法院 46 年臺上字第 34 號民事判例。

❷⑦　林誠二，《民法債編總論──體系化解說（上）》，瑞興圖書公司，2000 年 9 月

駕車撞及，直到事發九年十一個月後，才知是某乙所為，此時請求權的行使僅剩一個月，而非尚有二年的時間。

三、侵權行為與不當得利請求權競合

民法第 197 條第二項規定：「損害賠償之義務人，因侵權行為受利益，致被害人受損害者，於前項時效完成後，仍應依關於不當得利之規定，返還其所受之利益於被害人。」侵權行為的加害人並不一定僅是損人不利己（如撞傷他人），有時侵害他人權益的同時，也伴隨著受有利益（如竊盜或搶奪）；前者為單純的侵權行為，請求權因時效經過而消滅，後者除侵權行為外，尚有不當得利的問題。此時侵權行為與不當得利請求權，均基於同一社會事實所產生，因而發生請求權競合，有請求權之債權人，得就二者選擇行使其一，請求權之行使已達目的者，其他請求權即行消滅，如未達目的者，仍得行使其他請求權[28]。因此，在訴訟上被害人起訴時雖基於侵權行為的法律關係，但卻罹於消滅時效，此時並不妨害被害人再基於不當得利的請求權，主張加害人所受利益的返還[29]。例如：某甲竊取某乙所有的電腦乙部，某乙應於知有損害及加害人時起二年內，或是損害發生十年內請求甲負侵權行為的損害賠償責任；該請求權如果罹於時效而消滅，乙仍可依不當得利的規定請求返還電腦的利益，而不當得利的時效適用一般原則規定，期間為十五年。

四、債務履行之拒絕

民法第 198 條規定：「因侵權行為對於被害人取得債權者，被害人對該債權之廢止請求權，雖因時效而消滅，仍得拒絕履行。」廢止請求權屬於第 197 條第一項侵權行為損害賠償請求權之一，內容是在要求加害人廢止其所取得的債權，以回復無債權債務關係的原狀。廢止請求權因是侵權行為

初版，p. 354。

[28]　參照最高法院 48 年臺上字第 1179 號民事判例。

[29]　參照最高法院 56 年臺上字第 3064 號民事判例。

請求權的一種，所以適用侵權行為時效的規定。因此，如果廢止請求權罹於時效而消滅時，被害人不但無法請求加害人回復原狀，加害人更有權向被害人主張履行債務，且此請求權時效為期十五年；如此結果於情於理於法皆不適當，因而有第 198 條的例外規定，即使廢止請求權因時效而消滅，被害人仍可拒絕履行債務。例如：某甲遭乙脅迫訂立有損自身利益的買賣契約，甲雖可依民法第 93 條所定的除斥期限內，撤銷其負擔債務之意思表示；但乙的行為亦構成侵權行為，所以甲如因除斥期間經過而使撤銷權消滅時，仍不妨於民法第 197 條第一項所定之時效未完成前，本於侵權行為之損害賠償請求權，請求廢止乙的債權；如在此項時效完成後，依民法第 198 條的規定，甲也可以拒絕履行對乙的債務❸⓿。但如果甲已履行債務，則乙是基於契約而受領，則無所謂的不法可言❸①。

◎ 第四節　案例研究

▬▬ 案例一 ▬▬

> 櫻桃周報引用資深媒體人蔻子的說法，直指某高層收受財團賄絡，將重要交通建設的投標底價洩露給特定廠商，以利其以稍高於底價的工程款得標。事後證明此乃子虛烏有的烏龍事件，蔻子則大聲喊冤，聲稱自己從未有此言論，但仍遭到輿論的大加撻伐，導致其於電臺主持的政論性節目遭到封殺，估計損失超過 50 萬元。試問蔻子應如何請求櫻桃周報賠償？又蔻子如果在請求賠償前抑鬱而終，其繼承人得否繼承該賠償請求權？

---

❸⓿　參照最高法院 28 年上字第 1282 號民事判例。
❸①　參照最高法院 73 年上字第 2931 號民事判決。

 解　析

　　本案中櫻桃周報故意捏造事實，謊稱資料來源為蔻子的言論，造成蔻子名譽權的損失，依民法第 184 條第一項前段規定，屬於侵害權利型態的侵權行為，櫻桃周報須負損害賠償的責任。另外，因櫻桃周報所侵害者，屬於非財產權上的損害，依民法第 195 條第一項前段的規定，蔻子尚可請求精神慰撫金。更甚者，對於名譽權的侵害，民法規定有特殊的賠償方式，依第 195 條第一項後段的規定，名譽被侵害者，得請求回復名譽之適當處分。所以蔻子除可向櫻桃周報請求財產上損害賠償以及精神慰撫金外，並得請求周報刊登道歉啟示，以彌補其損失。

　　蔻子的侵權行為損害賠償請求權，關於財產權的部份（民法第 184 條），目的在於彌補被害人因財產權或人格權遭受侵害時，所產生之財產上的不利益，屬於一般的債權，並非專屬於被害人，因此具有移轉性，可以成為讓與或繼承的標的。但如果是非財產上的損失，依法被害人得請求慰撫金（民法第 195 條），但此請求權是為撫慰被害人精神上的痛苦所生，與被害人的人身攸關，所以不具移轉性，不得讓與或繼承。因此民法第 195 條第二項本文規定，身體、健康、名譽、自由、信用、隱私、貞操，或其他人格法益受侵害而情節重大時，被害人非財產上的損害賠償請求權，不得讓與或繼承。

▰▰ 案例二 ▰▰

　　阿非與阿迪為住在同一棟公寓一二樓的鄰居，平時常因居家小事吵鬧不休。某日二人又因細故爭吵，阿非為了報復，趁阿迪不注意的時候，用小刀刺破阿迪汽車的四個輪胎。阿迪發現後向轄區派出所報案，經調閱路口監視器記錄，查出是阿非所為。阿迪應如何向阿非求償？

 解　析

　　阿非故意刺破阿迪汽車的輪胎，應依民法第 184 條第一項前段規定，向阿迪負損害賠償的責任。關於物的侵害，可分為滅失與毀損兩種情況，對於前者的賠償，應依一般的損害賠償規定，以回復原狀為原則（民法第 213 條第一項），金錢賠償為例外（民法第 213 條第三項）；而後者則屬於侵權行為法中對侵害他人之物的特別規定，適用第民法第 196 條的規定，被害人得請求加害人賠償其物因毀損所致的價額損失。然而，如果物因毀損所減少的價額，有時難於估計，且被毀損者有回復原狀的可能時，被害人有時較願請求回復原狀。因此，為保護被害人起見，實務上認為被害人除得主張本條的請求權（金錢賠償）外，並不排除請求回復原狀的權利；亦即被害人有選擇權。因此，阿迪可請求阿非將汽車回復原狀（民法第 213 條第一項），或是請求支付輪胎的修復費用（民法第 213 條第三項），也可選擇請求賠償汽車所減少的價值（民法第 196 條）。

第六章

結　語

第六章 結 語

　　侵權行為不僅在民法上占有相當重要的地位，在實際生活中也是與契約並列為最常見及與一般人最具切身關係的法律問題。本書將侵權行為區分為數個區塊，方便讀者從中獲得侵權行為法制的基本知識，了解實務上處理此類問題的作法。本書的最後，筆者以條列的方式羅列本書的重要觀念，以供重點提示之用，俾利讀者重新回顧侵權行為的要點，期望將前後法規一氣連貫，以達融會貫通的地步。

　　本書的概說部分提供侵權行為基礎理論，具有總論的性質，重點如下：

一、侵權行為的被害人遭受加害人不法的侵害，因而在法律上取得向加害人請求損害賠償的權利，以回復其受損的權利或利益，如此雙方當事人之間便產生債權與債務的關係。因此侵權行為債的發生原因，並與債編中的契約、不當得利，及無因管理並列。

二、侵權行為屬於違法行為，與債務不履行的法律性質相同，其效果在於使行為人負一定的法律責任。此法律責任稱為「民事責任」（相對於「刑事責任」而言）。

三、侵權行為的歸責原則(確定侵權行為人侵權賠償責任的一般準則)，大體上可區分為「過失責任」與「無過失責任」。前者係因行為人故意或過失的行為所應負之責任，即故意過失為構成責任之要件；後者係縱使行為人本身無故意或過失，但因其行為或其他情事，造成他人損害的發生，亦應負損害賠償之責任，所以無過失責任並不以故意過失為責任之構成要件。

四、我國民法侵權行為原則上採過失責任主義，其成立需行為人因故意或過失之不法行為（作為或不作為），致生損害，且不法行為與損害間具有相當因果關係。

五、在我國民法中，部分的特殊侵權行為採無過失責任主義，但卻不採純粹的無過失責任原則，而是以介於過失責任與無過失責任之「中間責任」取代。有關「中間責任」的條文，多以「責任人如能證明其於損害之防止已盡相當之注意，或縱加以相當之注意仍不免發生損害者，不負賠償責任」的文句模式規範。

六、特別法上的特殊侵權行為之歸責原則，部分如民法般採用中間責任，部分則奉行純正的「無過失責任」主義；而採中間責任者多為與大眾運輸有關的特別法（例如：鐵路法、大眾捷運法等）。特別法上採純正無過失責任的特殊侵權行為，均為與公共安全相關的立法，其著眼點在於保障社會大眾的身家安全（例如：礦業法、民用航空法、核子損害賠償法，及消費者保護法等）。

七、民法侵權行為責任中設有衡平責任，是指法定代理人或僱用人等與侵權行為人負連帶賠償責任之人，雖已盡到監督之責，但損害仍然發生，法院得依被害人的聲請，斟酌行為人及其衡平責任人與被害人的經濟狀況，令行為人或其衡平責任人為全部或部分的賠償。所以，衡平責任的構成要件，在客觀上須以侵權行為的存在為前提，並造成了損害的事實；而在主觀上衡平責任的賠償義務人並無過失。

　　一般侵權行為部分的討論，以行為人個人行為致損害於他人之權利，而依法須負賠償責任的情形，包括民法第 184 條所規定的三種侵權行為樣態，即「權利的侵害」、「利益的侵害」，與「違反保護他人的法律」之行為。此部分的重點如下：

一、權利侵害型態的侵權行為必須符合客觀要件，即須有加害行為、行為須不法且無阻卻違法的事由、須侵害權利、須有損害的發生，以及加害行為與損害間有因果關係。權利侵害型態的侵權行為也必須符合主觀要件，其一是行為必須出於故意或過失，其二是行為人於行為時需有責任能力。

二、加害行為並不以積極的作為為必要，消極的不作為亦包括在內，但以本有法律、契約等積極作為義務為前提。此行為必定是自己的加害行為才須負責，但不當然僅指自身的行為，若利用他人或某物為工具而侵害他人之行為，也包括在「自己行為」的範圍內。

三、不法行為是指形式上違反法律明文強制或禁止的規定（強行規定），或實質上依法律之精神與目的，有違反公序良俗的行為。不法行為，只要有違法的結果，都會成立侵權行為；但如果因某種事由而可阻卻違法性，則雖為不法的加害行為，仍不受法律的制裁。阻卻違法的事由共有六項，包括：權利的行使、正當防衛、緊急避難、自助行為、無因管理，以及被害人的允諾。

四、可作為侵權行為客體的權利有指一切私權而言，包括財產權的物權、準物權、無體財產權，及債權（有爭議），以及非財產權的人格權（包括姓名權、生命權、身體權、健康權、名譽權、自由權、信用權、隱私權、貞操權，及肖像權等）與身分權（包括親權及配偶權）。

五、侵權行為法所規範的民事賠償責任，其目的在於填補被害人的損害；因此，雖有不法的加害行為，但卻未實際發生損害的情況下，被害人即無從向行為人請求損害賠償。損害可依是否造成財產的滅失，區分為財產上的損害與非財產上的損害；前者指損害的程度可以金錢加以衡量，後者則是無法以金錢計算的損害，也就是所謂的精神上的損害，一般發生在人格權與身分權受到侵害的情況。

六、定侵權行為責任最重要的前提，必須確認行為人是否需要對被害人之損害結果負責，以及責任的範圍究竟到達何種程度；也就是加害行為與被害人的損害間，是否存在所謂的「因果關係」。我國通說採相當因果關係說，是以損害與行為間是否存在「條件關係」及「相當性」為判斷侵權行為成立與否的準則。英美法國家則將因果關係區分為二段檢驗，先觀察客觀事實的條件，以決定是否

存在「事實上的因果關係」，再判斷「法律上的因果關係」，確立損害的賠償範圍；前者的判斷標準為「若無，則不」(but for test)，後者為「預見可能性」(foreseeability)。

七、主觀要件中的責任能力，是指侵權行為人能負擔損害賠償責任的資格；也就是具有侵權行為能力的人，不法侵害他人權利時，才需要為其行為負責。其判斷的標準為「辨別能力」的有無，即行為人對自己不法加害他人權利或利益的行為，有無通常的抽象的認識能力，但不以對違反法律之禁止或強制規定，或違背公序良俗，具有具體之認識為要件。

八、侵害利益型態的侵權行為，構成要件在主觀上行為人須有責任能力，而行為必須出於故意；客觀上須有加害行為、行為須不法且無阻卻違法事由、須發生損害，加害行為與損害間具有因果關係、須侵害他人的利益，以及行為須背於善良風俗。

九、所謂「利益」的侵害，是指侵害權利以外的一切法律上的利益而言。且應兼指純粹財產上利益（純粹經濟上的損失）及精神自由等非財產利益，但不包括公法上的利益與反射利益。

十、侵害利益型態的侵權行為，必須以背於善良風俗之方法加損害於他人為前提。善良風俗的意義，可籠統的定義為「國民的一般道德觀念」；判例上解釋為「廣泛悖反規律社會生活之根本原理」的行為，但不甚清楚，實務上仍應由法院依具體事實認定，且必須檢驗是否存有故意的主觀因素，否則行為人無侵權賠償責任可言。

十一、違反保護他人法律的侵權行為型態，加害人一旦違反「保護他人」的相關法令，在客觀上已負有侵權的責任，除非加害人可證明行為時無過失，否則被害人有權向其請求賠償。由於舉證責任由被害人轉至行為人，所以可稱為「舉證責任倒置」的規定，或是「過失推定」的侵權行為類型。

十二、違反的法律需以保護他人為目的，實務上認為是一般防止危害他人權益，或禁止侵害他人權益的法律；一切以保護他人為目

的之法律規範均屬之。

十三、保護他人為目的的法律，普通法上不論是民法或刑法皆有適例，但以特別法居多，在實務上常見的大致與交通、勞工與健康問題有關。例如：道路交通管理處罰條例、道路交通安全規則、工廠法、飼料管理法等。

本書將特殊侵權行為分為四種類型：主體特殊之侵權行為（包括共同侵權行為、公務員侵權行為，以及定作人侵權行為）、代負責任之侵權行為（包括法定代理人責任及僱用人責任）、特殊事實之侵權行為（包括動物占有人責任及工作物所有人責任），以及危險性行為從事者之侵權行為（包括商品製造人責任、動力車輛駕駛人責任，以及危險製造人責任）。以下就特殊侵權行為的要點分述之。

一、「共同侵權行為」，是指二人以上的行為人共同不法侵害他人權利或利益的行為；可細分為三種型態：其一為數人共同不法侵害他人之權利的情況，稱為「共同加害行為」，其二為被害人不知數個參與加害的人中孰為真正行為人，是為「共同危險行為」，其三，教唆（造意）行為人從事加害的行為，或給予相當的助力（幫助）助其完成加害行為的人，視為與行為人間成立共同侵權行為。

二、「公務員的侵權行為責任」的成立要件：須具有公務員身分、須違背應執行的職務、須造成第三人的損害，及公務員違背職務的行為應基於故意或過失（過失時以被害人不能依他項方法受賠償時為限，負其責任）。但如果被害人得依法律上的救濟方法除去損害，但因故意或過失不採行時，公務員的賠償責任就此免除。

三、「定作人之侵權行為」的成立要件：須承攬人執行承攬事項所為之侵權行為、定作人於定作或指示有過失，以及定作人的過失與損害間有因果關係。定作人有過失時，承攬人也應有故意或過失，才有「定作人之侵權行為」的適用，解釋上定作人與承攬人負有連帶賠償責任。

四、「法定代理人之責任」可分為四部分：法定代理人的連帶責任、法定代理人的單獨責任、法定代理人責任的免除，以及行為人與法定代理人的衡平責任。「法定代理人的連帶責任」成立要件為：須為欠缺行為能力人的法定代理人、須欠缺行為能力人具備侵權行為的客觀要件、須欠缺行為能力人有識別能力。如果欠缺完全行為能力人在行為時無識別能力，但卻具備侵權行為的客觀要件時，法定代理人應「單獨負賠償的責任」。「法定代理人免責」的事由：監督並未疏懈，或是縱加以相當之監督而仍不免發生損害。至於「行為人與法定代理人的衡平責任」，主要在保護被害人，不因法定代理人的免責，而完全喪失求償的機會；法院基於被害人的聲請，評估行為人及其法定代理人與被害人的經濟狀況，如果行為人與其法定代理人明顯的較被害人富有，法院得命令行為人或其法定代理人為全部或一部的賠償。衡平責任也延伸使用在有行為能力的人在無意識或精神錯亂所為之侵權行為的情形。

五、「僱用人之責任」的成立要件：行為人須為受僱人、受僱人須負侵權行為責任，及須受僱人因執行職務所為的侵權行為。僱用人的免責事由：選任受僱人及監督其職務之執行，已盡相當之注意，或縱加以相當之注意而仍不免發生損害。僱用人雖有免責事由，但法院仍可因被害人的聲請，斟酌被害人與僱用人的經濟狀況，而令僱用人負擔全部或一部的損害賠償，此為「僱用人的衡平責任」。僱用人責任性質上為代負責任，真正的侵權行為人仍為受僱人，所以僱用人在內部關係上並無應負責的部分，因此僱用人對受僱人有內部的「求償權」。

六、「動物占有人之責任」的成立要件：須為動物之加害、須為動物占有人，及須侵害他人的權利與利益。動物占有人的免責事由：依動物之種類及性質已為相當注意的管束，或縱為相當注意的管束而仍不免發生損害。動物的加害行為，如果是出於第三人或其他動物的挑動，而非出於自動的行為，則占有人有權向挑動的人

或他動物的占有人，請求全額損害賠償的返還。

七、「工作物所有人之責任」的成立要件：須為土地上的工作物、須為工作物的所有人，及須侵害他人權利致損害發生。工作物所有人的免責事由：工作物的設置與保管無欠缺、損害非因設置或保管有欠缺所致，或是防止損害的發生已盡相當之注意。如工作物因他人設置或保管上的欠缺而生損害，工作物所有人對實際上應負責損害之人，有「求償權」。

八、「商品製造人之責任」的成立要件：須為商品製造人，及須因商品的正常使用或消費致他人受損。商品製造人的免責事由：商品的生產、製造或加工、設計無欠缺、損害與商品的生產、製造或加工、設計的欠缺無因果關係，以及對於防止損害的發生已盡相當的注意。

九、「動力車輛駕駛人之責任」的成立要件：汽車、機車或其他非依軌道行駛之動力車輛、須於動力車輛使用中加損害於他人，以及損害與車輛使用間有因果關係。「動力車輛駕駛人之責任」推定駕駛人對於防止損害的發生，未盡相當的注意（善良管理人的注意），法律推定其行為有過失；所以如果駕駛人能舉證推翻此一推定，即可免責。

十、「危險製造人之責任」的成立要件：須為經營一定事業或從事其他工作或活動之人、須工作或活動的性質或使用的工具或方法有生損害於他人的危險，以及須有損害的發生。「危險製造人之責任」推定損害與危險事業工作或活動的性質或使用的工具或方法有因果關係，以及危險製造人因過失對防止損害的發生，未盡善良管理人的注意。但如果危險製造人能夠舉證推翻上述因果關係與過失的推定，則不須負本條的責任。

　　最後，有關侵權行為之效力部分，主要牽涉侵權行為的損害賠償問題，其重點可分為損害賠償當事人、損害賠償的方法與範圍，以及損害賠償的

特性等的討論，以下就其要項扼要提示之。

一、損害賠償的義務人（債務人），原則上是指侵害他人權利或利益的
　　行為人或加害人；例外是指特殊侵權行為中負有賠償責任的人。
　　損害賠償的請求權人（債權人），可分為直接被害人與間接被害人，
　　前者為權利或利益直接受到侵害而受損的人，後者指他人的權利
　　或利益受到侵害，間接導致自己權益受損的人，包括為被害人支
　　出醫療及增加生活上需要的費用或殯葬費之人、被害人的法定扶
　　養權利之人，以及被害人之父、母、子、女及配偶。

二、侵權行為損害賠償的方式與一般損害賠償適用的原則（回復原狀
　　為原則，金錢賠償為例外）不同，無論是費用、扶養費、慰撫金、
　　毀損、增加生活上需要，或是喪失或毀損勞動力的損害賠償，均
　　以金錢計算損害賠償，但在解釋上，除性質上不屬於回復原狀的
　　情況外（例如：殯葬費、扶養費，及慰撫金），仍不應排除回復原
　　狀原則的適用。

三、侵權行為損害賠償的範圍，在財產上的損害部分，對於生命權之
　　侵害，加害人的賠償項目為：殯葬費、醫療及增加生活上需要之
　　費用，及扶養費。對於身體權或健康權之侵害，賠償項目為：喪
　　失或減少勞動能力的損失，及增加生活上之需要的費用。至於物
　　的侵害部分，被害人得請求加害人賠償其物因毀損所致的價額損
　　失，但如果物因毀損所減少的價額難以估計，且被毀損者有回復
　　原狀的可能時，被害人也可選擇請求回復原狀。

四、在非財產上的損害部分，遭侵害致死者的父、母、子、女及配偶
　　雖非財產上的損害，亦得請求慰撫金。對於身體、健康、名譽、
　　自由、信用、隱私、貞操，或不法侵害其他人格法益之侵害，被
　　害人可向加害人請求慰撫金。父、母、子、女或配偶關係的身分
　　法益（如親權、配偶權，及繼承權）受侵害時，亦得如一般人格
　　法益般，請求加害人支付精神慰撫金。

五、損害賠償的特性有四，其一為「非財產上損害賠償請求權不得讓
　　與或繼承」，其二為「消滅時效之特別規定」，其三為「侵權行為
　　與不當得利請求權競合」，最後是「債務履行之拒絕」。

六、非財產上的損失，依法被害人得請求慰撫金，但此請求權是為撫
　　慰被害人精神上的痛苦所生，與被害人的人身攸關，為其本身的
　　權利，所以不具移轉性，既不得讓與，也不得繼承。但如果這些
　　非財產上損害賠償請求權是以金錢賠償為內容（慰撫金），且已依
　　契約承諾或已起訴時，則此債權轉換為單純的金錢債權，被害人
　　要求賠償的意思已決定，專屬性隨之消失，因此可以讓與或繼承。

七、侵權行為的請求權消滅時效為二年短時效，起算點以知有損害及
　　賠償義務人時起。所謂「知有損害」，指知悉受有何項損害而言，
　　至於對於損害的金額則不需認識。但如果被害人不知侵權行為之
　　加害人時，自侵權行為發生時起，超過十年時，無論被害人是否
　　知有損害及賠償義務人，請求權均消滅。

八、侵權行為與不當得利請求權，如果均基於同一社會事實所產生，
　　則發生請求權競合，有請求權的債權人，得就二者選擇行使其一，
　　請求權之行使已達目的者，其他請求權即行消滅，如未達目的者，
　　仍得行使其他請求權。

九、廢止請求權屬於侵權行為損害賠償請求權之一，其內容是在要求
　　加害人廢止其所取得的債權，以回復無債權債務關係的原狀。如
　　果廢止請求權罹於時效而消滅時，被害人不但無法請求加害人回
　　復原狀，加害人更有權向被害人主張履行債務，且此請求權時效
　　為期十五年；如此結果於情於理於法皆不適當，所以民法特別規
　　定，即使廢止請求權因時效而消滅，被害人仍可拒絕履行債務。

附錄一　案例研究

案例 A

　　勝寶營造股份有限公司承包地下道水電工程，不慎挖斷台灣自來水公司的輸水管線，造成周邊用戶停水四小時，導致採金 LCD 公司之產品出現瑕疵而報廢，美爾髮髮型屋無法營業，試問以上各被害人得向勝寶主張何種權利？

 解　析

一、台灣自來水 v. 勝寶

　　勝寶公司的過失行為，直接導致台灣自來水公司輸水管的破裂，屬於不法侵害「所有權」的行為，因此自來水公司可依民法第 184 條第一項前段之規定，向勝寶公司請求侵權行為的損害賠償。

二、採金 v. 勝寶

　　採金公司的生產受到停水的影響，造成產品出現瑕疵，而其損害與勝寶公司的過失行為間，具有相當因果關係，依「無此行為雖不必然產生此損害，然有此行為，通常即足以生此損害」之標準而言(詳見以下的討論)，勝寶公司雖非直接侵害採金公司的權利(所有權)，但仍需負損害賠償的責任。

三、美爾髮 v. 勝寶

(一)美爾髮無法營業，是否債權受到侵害？

美爾髮與自來水公司簽訂自來水使用契約，自來水公司有義務輸送用水，所以美爾髮公司因而對自來水公司具有債權；如今自來水公司因勝寶的行為而無法正常供水，美爾髮對自來水公司之債權無從滿足，是否可向勝寶請求侵害債權的損害賠償？學說有三：

依肯定說，債權與其他私權同樣受到法律保護，不容第三人侵害，且法律並未明文排除債權作為侵害的客體，而由其他條文配合觀之，也無法推論債權非權利的結果。所以不應認債權有別於其他私權，而使侵害債權的行為，無法構成侵權行為。因此美爾髮應具有對勝寶提出侵害債權之損害賠償的請求權。

依否定說，債權不具公示性，無法由外部知其存在，所以不應使加害人負擔無從評估之漫無邊際的損害賠償責任。基於利益衡量與價值判斷，因故意或過失侵害他人債權的行為，不宜使加害人依第 184 條第一項前段的規定負賠償責任。然而，侵害債權的行為債權人仍可依民法第 184 條第一項後段的規定，在加害人故意以違反善良風俗之方法加諸損害時，請求侵害利益的損害賠償以茲救濟。準此，美爾髮無法直接要求侵害權利的損害賠償，若要請求侵害利益的賠償時，則需舉證勝寶為故意違反善良風俗的行為。

依折衷說，在通常的情形下，第三人的行為不足以構成侵害債權的結果，但如果第三人的行為造成債權的消滅，則不妨礙侵權行為的成立。債權的消滅可能是債權歸屬受到侵害，或是標的物受到侵害，甚至是債務履行受到侵害。美爾髮與自來水公司的契約是一種提供用水的服務契約，自來水管線破裂，自來水公司無法履行債務，此時美爾髮應依民法第 226 條第一項的規定，向債務人請求債務不履行的損害賠償；至於第三人勝寶公司侵害債權履行的行為，一般認為必須出自於詐欺、脅迫，或其他類似的不當方法，否則不成立侵權行為。

　　依本案例的情況分析，自來水公司所服務的客戶眾多，如果苛求不慎損害管線的第三人，必須對所有客戶之不利益加以賠償時，勢必造成加害人之巨大經濟壓力，不符合社會公平，所以適度的限縮加害人責任有其必要。肯定說忽視此賠償責任對社會經濟的影響，並不可取，否定說完全否定債權為權利的看法亦不適當，故以折衷說較為可行。

㈡美爾髮是否可向勝實主張經濟上損失的賠償

　　美爾髮不能營業之損害，學說上稱為純粹經濟上的損失 (pure economic loss)，並非因人或物受侵害所生之財產上的損失，而是被害人遭受之財產上之不利益，是一種經濟利益的損失，不屬於權利的受損，所以不應適用第 184 條第一項前段之規定。挖斷管線所造成之不利益，其他消費者亦相同受到損害，所以供水中斷若非造成企業直接無法營業時，不能請求損害賠償，即必須在嚴格的條件下才能要求行為人賠償義務，否則損失全由行為人負擔，則有失公允。但此營業利益，必要時仍得依第 184 條第一項後段之保護，亦即行為人故意以違背善良風俗的方式使他人受損害之時，須給予損害賠償。

■■■　案例 B　■■■

　　　　小芬上街購物行經人行穿越道時，突然被闖紅燈的阿風所駕駛之小客車撞倒，當場昏厥送醫急救。小芬雖未因此死亡，但在醫院就醫多時，花費醫療費用二十萬元，以及僱用特別看護費用十萬元。小芬出院後須終身與柺杖為伍，且無法繼續從事其原本的工作。試問小芬可對阿風提出何項民事損害賠償？若阿風未滿二十歲時有何不同？

解　析

一、請求權基礎

　　阿風的行為造成小芬的損害，依民法第 184 條規定，阿風所為應構成一般侵權行為。但一般侵權行為區分為三種不同的型態，阿風的行為應屬何類，必須先行釐清。如果認定是侵害權利的行為，則被害人需舉證加害人的行為是基於故意或過失（民法第 184 條第一項前段）；如果認為是侵害利益的行為，被害人須證明加害人故意以違反善良風俗的方法加損害於被害人（民法第 184 條第一項後段）；如果被害人能夠舉證加害人的行為違反保護他人的法律，則法律推定加害人有過失（民法第 184 條第二項）。本題中阿風闖紅燈撞傷小芬，其行為明顯違反道路交通管理處罰條例，此為保護他人的法律，所以推定阿風有過失，小芬有權向阿風請求損害賠償。又小芬亦可依民法第 191 條之 2 的規定，汽車、機車或其他非依軌道行駛之動力車輛，在使用中加損害於他人，推定駕駛人阿風應賠償因此所生之損害，但如果阿風能舉證於防止損害之發生，已盡相當之注意，即可免責。

二、何項損害賠償

1. 財產上的損害賠償

　　依民法第 193 條的規定，小芬可請求的財產上的損害賠償項目計有：

　　⑴醫療費用　車禍受傷所支出的醫療費用，所以小芬有權向阿風請求醫療費二十萬元。

　　⑵喪失或減少勞動能力的損失　車禍受傷導致肢體殘障，無法從事原有工作，如果新工作的薪資低於原工作，則為勞動能力的減少；如果完全無法工作，便屬於完全喪失謀生能力。被害人所得請求的數額不以現有的收入為準，評價勞動能力的損害，應就被害人受侵害前之教育程度、專門技能、社會經驗、健康狀態，在通常情形下可能取得之收入等方面，為酌

定賠償金額的標準。

⑶增加生活上需要的費用　被害人在遭受侵害後，才開始需要支付的費用，即為增加生活上的需要。所以小芬可向阿風請求看護費十萬元，以及枴杖的費用。

2. 非財產上的損失

依民法第 195 條規定，小芬可向阿風請求精神上的賠償，也就是慰撫金。慰撫金的請求權是為撫慰被害人精神上的痛苦所生，與被害人的人身攸關，為其本身的權利，所以不具移轉性，既不得讓與，也不得繼承（民法第 195 條第二項本文）。但如果慰撫金已依契約承諾或已起訴時，則此債權轉換為單純的金錢債權，被害人要求賠償的意思已決定，其專屬性隨之消失，因此可以讓與或繼承（民法第 195 條第二項但書）。

三、加害人未滿二十歲

依民法第 187 條的規定，侵權行為人如果是未成年人，且行為時有意識（識別能力），則其法定代理人與之負連帶的賠償責任。如果侵權行為人行為時無意識，法定代理人必須單獨負損害賠償責任。法定代理人並非絕對需要為其子女的侵權行為負責，如果法定代理人能夠證明其對未成年子女的監督並未疏懈，或縱加以相當之監督，而仍不免發生損害時，法定代理人免除賠償責任。但法院仍有權衡量侵權行為人及其法定代理人的資力，比較被害人的經濟狀況，要求行為人或其法定代理人為全部或一部的損害賠償，此即為「衡平責任」。依照此規定，小芬有權向阿風的父母主張連帶賠償責任，除非該父母成功舉證監督沒有疏懈，或是損害與監督不具因果關係，但他們仍有可能需負衡平責任。

━━ **案例 C** ━━

大飛與小王都受雇於位於臺北的載卡多貨運公司，大

飛負責駕駛貨車，小王為其助手。某日該二人共同載貨前往高雄，途中繞道購買名產，卻不慎與阿國所駕駛的聯結車相撞，導致小王當場死亡。經車禍鑑定委員會鑑定，大飛應負四成的過失責任，阿國則有六成。小王身後無子女，僅留有妻子小玉，試問小玉應向何人請求損害賠償？其範圍為何？

 解　析

一、小玉 v. 大飛 & 阿國

依民法第 185 條第一項規定，數人共同不法侵害他人之權利者，連帶負損害賠償責任。這就是所謂的共同侵權行為責任。共同侵權行為的行為人須有數人，且均須具備侵權行為的要件，而共同侵權行為人之行為須有共同關係。至於何謂「共同關係」，有主觀說與客觀說二種，前者指數人對於違法行為有通謀或共同認識時，對於各行為所致的損害，應負連帶賠償責任；亦即各行為人間不僅需要行為的分擔，在主觀上更要有意思的聯絡，才足以構成共同侵權行為。後者指數人所為的不法行為對被害人造成同一權益上的損害，縱然行為人間並無意思的聯絡，也不妨礙共同侵權行為的成立。我國早期的判例採用主觀說，認定無共同過失之侵權行為，法院僅得就各該加害人應負過失責任程度之範圍內，令其與僱用人連帶賠償（55臺上字第 1798 號判例）。但自最高法院例變字一號決議後，實務上改採客觀說，認為共同侵權行為人間不以有意思聯絡為必要，數人因過失不法侵害他人之權利，如果各行為人之過失行為均為其所生損害之共同原因，即所謂行為關連共同，亦足成立共同侵權行為。至此客觀說成為目前的通說。依此實務上的見解，大飛與阿國的共同加害行為導致小王的死亡，經車禍鑑定委員會的鑑定結果，此二人各有過失，且均為損害的共同原因，因此

有客觀的共同關聯性，所以成立民法第 185 條的共同侵權行為，小玉可以繼承人的身分，請求大飛與阿國負連帶的賠償責任。

二、小玉 v. 載卡多

大飛與載卡多間有僱傭關係，依民法第 188 條第一項規定，受僱人因執行職務，不法侵害他人之權利者，由僱用人與行為人連帶負損害賠償責任。大飛出車禍時正為公司載貨前往高雄，雖然途中繞道購物，亦為與執行職務相牽連或職務上予以機會的行為，依客觀牽連說，此行為仍屬於執行職務的行為，所以原則上載卡多公司須與大飛負連帶賠償責任。然而，如果載卡多公司能證明選任受僱人及監督其職務之執行，已盡相當之注意或縱加以相當之注意而仍不免發生損害者，則免除賠償的責任（民法第 188 條第一項但書）；但法院仍然得斟酌僱用人與被害人之經濟狀況，要求僱用人負擔「衡平責任」（民法第 188 條第二項）。因此小玉有權向載卡多請求連帶賠償責任。載卡多於代負大飛的賠償責任後，依民法第 188 條第三項規定，對大飛有內部的求償權。

三、損害賠償的範圍

不法侵害他人的生命權，所應負的損害賠償責任，可分為財產上與非財產上的損害賠償。財產上的損害賠償，依民法第 192 條規定，計有殯葬費、醫療及增加生活上需要之費用，及扶養費。非財產上的損害賠償，依民法第 194 條規定，被害人的父、母、子、女及配偶，雖非財產上的損害，亦得請求賠償相當之金額。此即所謂的「慰撫金」。由於小王當場死於車禍（無醫療及增加生活上需要之費用），且無子女（無扶養費），因此小玉可向大飛、阿國及載卡多請求連帶賠償殯葬費與慰撫金。

案例 D

> 　　阿珠為嬌貴的富家女，為向同學炫耀之故，乃購買名貴血統的拉布拉多犬，但阿珠欠缺飼養名犬的經驗，便僱用家中管家忠伯代為照顧此犬。某日阿珠在家享受按摩浴缸時，忠伯牽名犬出遊，遇到熟識的朋友正一，正一見到名犬便趨前逗弄，不料遭到咬傷，試問正一可向何人請求賠償？又忠伯見闖禍，急帶正一前往醫院，二人一犬穿越人行道時，名犬遭到飆車的機車騎士風速撞死。風速有何責任？

解　析

一、正一 v. 忠伯

　　依民法第 190 條規定：動物加損害於他人者，由其占有人負損害賠償責任。所謂占有人，物權法上分為三種類型，一為「直接占有人」，也就是對於物有事實上管領之力者（民法第 940 條）；第二是「間接占有人」，是指質權人、承租人、受寄人或基於其他類似之法律關係，對於他人之物為占有的人（民法第 941 條）；最後是為「占有輔助人」或稱為「幫助占有人」，是指受僱人、學徒或基於其他類似之關係，受他人之指示，而對於物有管領之力之人（民法第 942 條）。直接占有動物的人，對動物有直接管領力及管束的能力，所以須為動物的侵權行為負責。間接占有動物的人非直接管領人，自然不須對動物的管束盡相當的注意，所以並非動物占有人。占有輔助人既然對物有管領力，與直接占有人的情況相同，所以如占有之物為動物，也必須負動物占有人的責任。所以，忠伯雖非直接占有名犬的人，

但受阿珠的僱用而為占有輔助人，所以正一有權請求忠伯對其身體上的損害，負賠償的責任，除非忠伯能夠證明依動物之種類及性質已為相當注意的管束，或縱為相當注意的管束而仍不免發生損害而得以免責（民法第190條第一項但書）。此外，本案例中，名犬攻擊正一的原因，與正一的挑弄不脫關係，依民法第217條規定，損害的發生或擴大，被害人與有過失者，法院得減輕賠償金額或免除之，忠伯依此過失相抵的規定，可能減輕賠償的金額。

二、正一 v. 阿珠

占有輔助人雖有責任，但卻無法因此使得直接占有人免責，此時二者間應負不真正連帶債務。所以正一可要求阿珠與忠伯負連帶賠償責任。又占有輔助人忠伯與直接占有人阿珠間有僱傭關係，被害人正一可另依第一八八條的規定，要求直接占有人（僱用人）與占有輔助人（受僱人）負連帶賠償責任。

三、阿珠 v. 風速

風速在人行道上撞死名犬，違反道路交通管理處罰條例，應依民法第184條第二項的規定，違反保護他人的法律，推定風速成立過失侵權行為。除非風速成功舉證其行為非基於故意或過失，否則便須對阿珠的損失負責。風速造成阿珠所有之動物的損害，屬於物的侵害。關於物的侵害，可分為滅失與毀損兩種情況，對於前者的賠償，應依一般的損害賠償規定，以回復原狀為原則（民法第213條第一項）；而後者則屬於侵權行為法中對侵害他人之物的特別規定，適用第196條規定，被害人得請求加害人賠償其物因毀損所致的價額損失。但此二請求權並非相互排斥，而是由被害人擇一適用。今名犬已死亡，已無回復原狀的可能性，所以阿珠僅能請求物的毀損所致的價額損失。至於阿珠有無精神慰撫金的請求權，因慰撫金以法律有明文者為限，始得請求，對於物的損害，法律並未如侵害人格權般，設有慰撫金的規定，所以阿珠損害賠償的範圍不及於精神慰撫金，阿珠縱然

有精神上的損害，也無從請求給付。

案例 E

> 　　小伶誤信陳平的花言巧語，將其儲蓄多年的現金五十
> 萬交給陳平從事海外受益憑證的投資；實際上陳平並未將
> 這筆錢進行投資，而是中飽私囊，卻謊稱全數投資盡已賠
> 光。糊塗的小伶在知道事實真相後的第三年，才向陳平提
> 出侵權行為的損害賠償請求，小伶能如願嗎？如果小伶是
> 受到陳平的脅迫而簽下五十萬元的本票，小伶是否可以不
> 付票款？

解　析

一、損害賠償請求權的時效

　　詐欺與脅迫均為侵害精神自由的行為，因詐欺或脅迫所為之意思表示，屬意思表示不自由的狀態，除可依民法第 92 條撤銷意思表示外，被害人如因此受有損害，也可依侵權行為之規定，向詐欺、脅迫的行為人請求損害賠償。小伶受到陳平的詐欺，依民法第 184 條第一項前段的規定，可向陳平請求賠償。損害賠償請求權的時效，依民法第 197 條規定，自請求權人知有損害及賠償義務人時起，二年間不行使而消滅。自有侵權行為時起，逾十年者亦同。小伶知悉損害與賠償義務人時起，已經超過二年的時間，因此侵權行為請求權消滅。此時小伶向陳平請求，陳平可依此作為永久性的抗辯。一經時效抗辯，小伶將無法依侵權行為得到賠償。但如果陳平不知法律規定而給付賠償，將來不得以不知時效為理由，請求返還（民法第

144 條第二項）。小伶雖然不能以侵權行為為由向陳平求償，但陳平欠缺法律上原因而獲得利益，造成小伶的損害，其行為同時構成民法第 179 條的不當得利。此時不當得利與侵權行為競合，民法第 197 條第二項規定，損害賠償之義務人，因侵權行為受利益，致被害人受損害者，於前項時效完成後，仍應依關於不當得利之規定，返還其所受之利益於被害人。不當得利得返還請求權時效為一般時效十五年（民法第 125 條），所以小伶仍可依不當得利向陳平請求五十萬元的返還。

二、債務履行的拒絕

小伶受到陳平的脅迫而簽下五十萬元的本票,本可依民法第 92 條的規定，向陳平撤銷負擔債務的意思表示，但此撤銷權的除斥期間為脅迫終止後一年（民法第 93 條），所以小伶已因除斥期間經過而使撤銷權消滅。脅迫的行為亦構成侵權行為,陳平因侵權行為取得債權,小伶依民法第 198 條有廢止請求權。廢止請求權屬於第 197 條第一項侵權行為損害賠償請求權之一，其內容是在要求加害人廢止其所取得的債權，以回復無債權債務關係的原狀。廢止請求權因是侵權行為請求權的一種，所以適用侵權行為時效的規定。小伶的廢止請求權也罹於時效，應該消滅，但如果廢止請求權罹於時效而消滅時，被害人不但無法請求加害人回復原狀，加害人更有權向被害人主張履行債務，且此請求權時效為期十五年；如此結果於情於理於法皆不適當，因而有第 198 條的例外規定，即使廢止請求權因時效而消滅，被害人仍可拒絕履行債務。所以小伶可拒絕支付票款。

附錄二　參考文獻

一、書　籍

1. 王伯琦，《民法債篇總論》，正中書局，1985 年 9 月第 12 次印行。

2. 王澤鑑，《侵權行為法㈠──基本理論　一般侵權行為》，自刊，2003 年 10 月初版九刷。

3. 王澤鑑，《民法學說與判例研究第一冊》，臺大法學叢書，1988 年 9 月九版。

4. 王澤鑑，《民法學說與判例研究第三冊》，臺大法學叢書，1988 年六版。

5. 王澤鑑，《民法學說與判例研究第五冊》，臺大法學叢書，1988 年 9 月九版。

6. 史尚寬，《債法總論》，自刊，1978 年。

7. 林誠二，《民法債編總論──體系化解說（上）》，瑞興圖書公司，2000 年 9 月初版。

8. 林山田，《刑法通則（上冊）》，自刊，2002 年 12 月一刷。

9. 林世宗，《消費者保護法之商品責任論》，師大書苑出版社，1996 年 8 月初版。

10. 邱聰智，《新訂民法債編通則（上）》，自刊，2003 年 1 月新訂一版修正二刷。

11. 洪文瀾，《民法債編通則釋義》，自刊，1954 年。

12. 胡長青，《中國民法債編總論》，自刊，1968 年。

13. 孫森焱，《民法債編總論上冊》，自刊，2004 年 1 月修訂版。

14. 陳聰富，《侵權歸責原則與損害賠償》，元照出版公司，2002 年初版。

15. 陳聰富，《因果關係與損害賠償》，元照出版公司，2004 年 9 月初版

第一刷。

16.詹森林、馮震宇、林明珠，《認識消費者保護法》，行政院消費者保護委員會發行，1995 年。

17.梅仲協，《民法要義》，自刊，1954 年初版。

18.黃立，《民法債編總論》，元照出版公司，2002 年 9 月二版三刷。

19.鄭玉波著，陳榮隆修訂，《民法債編總論》，三民書局，2002 年修訂二版。

20.鄭玉波著，黃宗樂修訂，《民法總則》，三民書局，2003 年修訂九版。

21.施啟揚，《民法總則》，三民書局，1984 年 6 月校訂再版。

22.耿雲卿，《侵權行為之研究》，臺灣商務印書館，1989 年 11 月。

23.姚志明，《侵權行為法研究㈠》，元照出版公司，2000 年 10 月初版二刷。

24.姚志明，《侵權行為法》，元照出版公司，2005 年 1 月初版。

25.謝銘洋，〈論人格權之經濟利益〉，《智慧財產權基本問題研究》，翰蘆出版社，1999 年 7 月初版。

26.戴修瓚，《民法債編總論》，三民書局，1968 年。

二、期刊與網路資料

1.王利明，〈論無過失責任〉，《中國民商法律網》，
http://www.civillaw.com.cn/lawstar/Paper/%CD%F5%C0%FB%C3%F7/default3.htm。

2.朱曉喆，〈西方「肉償契約」的興衰〉，《人民法院報》，
http://www.jcrb.com/zyw/n130/ca71316.htm。

3.張新寶，〈侵權行為法立法體系研究〉，《私法研究》第三卷，2004 年。

4.楊立新，〈侵權行為法的一般化和類型化〉，《中國民商法律網》，
http://www.civillaw.com.cn/weizhang/default.asp?id=8141。

5.〈煙商挨告　始於 1988 年〉，《中時電子報》，2000 年 7 月 15 日。

三、判　例

1.最高法院 18 年上字第 2041 號民事判例。

2.最高法院 18 年上字第 2633 號民事判例。

3.最高法院 19 年上字第 363 號民事判例。

4.最高法院 19 年上字第 2746 號民事判例。

5.最高法院 20 年上字第 568 號民事判例。

6.最高法院 20 年上字第 2401 號民事判例。

7.最高法院 21 年上字第 257 號民事判例。

8.最高法院 22 年上字第 3116 號民事判例。

9.最高法院 22 年上字第 3437 號民事判例。

10.最高法院 22 年上字第 4229 號刑事判例。

11.最高法院 23 年上字第 2510 號民事判例。

12.最高法院 24 年上字第 4738 號刑事判例。

13.最高法院 28 年上字第 1282 號民事判例。

14.最高法院 28 年上字第 3115 號刑事判例。

15.最高法院 29 年附字第 379 號民事判例。

16.最高法院 30 年上字第 207 號民事判例。

17.最高法院 39 年臺上字第 987 號民事判例。

18.最高法院 40 年臺上字第 1890 號民事判例。

19.最高法院 42 年臺上字第 288 號民事判例。

20.最高法院 42 年臺上字第 319 號民事判例。

21.最高法院 42 年臺上字第 1224 號民事判例。

22.最高法院 43 年臺上字第 752 號民事判例。

23.最高法院 46 年臺上字第 34 號民事判例。

24.最高法院 47 年臺上字第 1221 號民事判例。

25.最高法院 48 年臺上字第 1179 號民事判例。

26.最高法院 48 年臺上字第 481 號民事判例。

27.最高法院 48 年臺上字第 1934 號民事判例。

28.最高法院 49 年臺上字第 2652 號民事判例。

29.最高法院 50 年臺上字第 1464 號民事判例。

30.最高法院 54 年臺上字第 951 號民事判例。

31.最高法院 55 年臺上字第 228 號民事判例。

32.最高法院 55 年臺上字第 2053 號民事判例。

33.最高法院 56 年臺上字第 305 號民事判例。

34.最高法院 56 年臺上字第 1815 號民事判例。

35.最高法院 56 年臺上字第 3064 號民事判例。

36.最高法院 61 年臺上字第 1987 號民事判例。

37.最高法院 62 年臺上字第 2693 號民事判例。

38.最高法院 62 年臺上字第 2806 號民事判例。

39.最高法院 63 年臺上字第 1394 號民事判例。

40.最高法院 64 年臺上字第 1364 號民事判例。

41.最高法院 64 年臺上字第 2442 號民事判例。

42.最高法院 66 年臺上字第 2759 號民事判例。

43.最高法院 67 年臺上字第 1196 號民事判例。

44.最高法院 67 年臺上字第 1737 號民事判例。

45.最高法院 67 年臺上字第 2032 號民事判例。

46.最高法院 70 年臺上字第 1561 號民事判例。

47.最高法院 71 年臺上字第 737 號民事判例。

48.最高法院 73 年臺再字第 182 號民事判例。

49.最高法院 76 年臺上字第 1908 號民事判例。

50.最高法院 84 年臺上字第 2934 號民事判例。

51.最高法院 90 年臺上字第 646 號民事判例。

四、判　決

1.最高法院 33 年上字第 262 號刑事判決。

2.最高法院 42 年臺上字第 1324 號民事判決。

3.最高法院 44 年臺上字第 450 號民事判決。

4.最高法院 47 年臺上字第 831 號民事判決。

5.最高法院 52 年臺上字第 2771 號民事判決。

6.最高法院 52 年臺上字第 3723 號民事判決。

7.最高法院 54 年臺上字第 17 號民事判決。

8.最高法院 54 年臺上字第 2705 號民事判決。

9.最高法院 58 年臺上字第 1064 號民事判決。

10.最高法院 58 年臺上字第 1983 號民事判決。

11.最高法院 69 年臺上字第 1400 號民事判決。

12.最高法院 69 年臺上字第 3422 號民事判決。

13.最高法院 70 年臺上字第 1663 號民事判決。

14.最高法院 70 年臺上字第 2400 號民事判決。

15.最高法院 70 年臺上字第 3283 號民事判決。

16.最高法院 71 年臺再字第 55 號民事判決。

17.最高法院 71 年臺上第 63 號民事判決。

18.最高法院 72 年臺上字第 953 號民事判決。

19.最高法院 72 年臺上字第 1550 號民事判決。

20.最高法院 72 年臺上字第 3823 號民事判決。

21.最高法院 73 年上字第 2931 號民事判決。

22.最高法院 74 年臺上字第 752 號民事判決。

23.最高法院 74 年臺上字第 1458 號民事判決。

24.最高法院 76 年臺上字第 591 號民事判決。

25.最高法院 77 年臺上字第 1199 號民事判決。

26.最高法院 77 年臺上字第 1582 號民事判決。

27. 最高法院 81 年臺上字第 7 號民事判決。

28. 最高法院 81 年臺上字第 2686 號民事判決。

29. 最高法院 82 年臺上字第 1852 號民事判決。

30. 最高法院 83 年臺上字第 2261 號民事判決。

31. 最高法院 84 年臺上字第 196 號民事判決。

32. 最高法院 84 年臺上字第 941 號民事判決。

33. 最高法院 85 年臺上字第 2957 號民事判決。

34. 最高法院 86 年臺上字第 2320 號民事判決。

35. 最高法院 86 年臺上字第 3529 號民事判決。

36. 最高法院 89 年臺上字第 490 號民事判決。

五、英文判例

1. Weeks v. McNulty, 101 Tenn. 495, 48 S. W. 809 (1898).

2. Perkins v. Texas & New Oleans R. Y. Co., 243 La. 829, 147 So. 2d 646 (1962).

3. Anderson v. Minneapolis, St. P. & S. St. M. R. R. Co., 146 Minn. 430, 179 N. W. 45 (1920).

4. Summers v. Tice, 33 Cal. 2d 80, 199 P. 2d 1 (1948).

5. Sindell v. Abbott Laboratories, 26 Cal. 3d 588, cert denied, 449 U.S. 912 (1980).

6. Ryan v. New York Central R. R. Co., 35 N. Y. 210, Am. Dec. 49 (1866).

7. Steinhauser v. Hertz Corp., 421 F. 2d 1169 (1970).

8. Bartolone v. Jeckovich, 481 N. Y. S. 2d 545 (1984).

9. Aflague v. Luger, 589 N. W. 2d 177 (1999).

10. Pridham v. Cash & Carry Building Center, 116 N. H. 292, 359 A. 2d 193 (1976).

11. Hickey v. Zezulka, 439 Mich. 408, 487 N. W. 2d 106 (1992).

12. Copithorne v. Framingham Union Hospital, 520 N. E. 2d 139 (1988).

13. Watson v. Kentucky & Indiana Bridge & R. R. Co., 137 Ky. 619, 126 S. W. 146 (1910).

14. Kimbler v. Stillwell, 734 P. 2d 1344 (1987).

15. Kimble v. Mackintosh Hemphill Co., 59 A. 2d 68, 71 (1948).

16. Derdiarian v. Felix Contracting Corp., 51 N. Y. 2d 308, 414 N. E. 2d 666, 434 N. Y. S. 2d 166 (1980).

17. Palsgraf v. Long Island R. R. Co., 248 N. Y. 339, 162 N.E. 99 (1928).

18. Marenghi v. New York City Transit Authority, 151 A. D. 2d 272, 542 N. Y. S. 2d 542 (1989).

圖片來源：

圖 2-1、3-1、4-6：shutterstock。

圖 3-2、3-3、3-4、4-1、4-2、4-3、4-4、4-5：dreamstime。

民法系列——運送法

林一山／著

本書內容植基於廣義的「運送法」概念，以我國民法債編各論第十六節「運送」為主，並兼及「承攬運送」及「倉庫」的相關部分。本書理論與實務兼具，一方面以生動活潑的案例來引發初學者的興趣，再者系統性且完整性地將相關內容做深入淺出地介紹，對實務工作者處理複雜案件時，亦能有所貢獻。

民法系列——繼承

戴東雄／著

本書主要內容在說明民法繼承編重要制度之基本概念，並檢討學說與實務對法條解釋之爭議。本書共分四編：緒論、遺產繼承人、遺產繼承與遺產繼承之方法。在本書各編之重要章次之後，附以實例題，學習如何適用法條及解釋之方法，解決法律問題，並在附錄提出綜合性之實例題，期能以邏輯之推演方法，解決實際之法律問題。

法學緒論

劉作揖／著

法律，從人與人的相互關係而言，它是社會生活的規範；從國家與人民的相互關係而言，它是國家厲行法治行為的規範；而《法學緒論》則是研究或學習法律的入門課程。本書作者依據多年的教學經驗及研究心得，以深入淺出的筆法，介紹法學的基本架構、整體理念，使初學者在認識法律規範樣貌的同時，也能培養知法、守法的美德，奠定研習法律的基礎。

商事法

劉渝生／著

本書採用教科書之形式編寫，其內容包括商業登記法、公司法、票據法、海商法、保險法及公平交易法六大部分，讀者閱讀本書時，可參照六法全書相關之法律條文逐次研讀，使體系及內容更明確。在各章、節後書中並附有問答題，可測知讀者瞭解程度；亦可作為參加國內各類考試之重點掌握。

案例憲法 (III)（上）（下）——人權保障的內容

李念祖／編著

與其他法律學門相比，憲法學更殷切地需要尋找落實人權保障抽象規範的有效方法，憲法解釋則是驗證憲法實用價值的最佳紀錄與佐證。本書透過憲法案例，拼集出司法殿堂中由真人真事交織而成的憲法圖像，對於憲法的生命力從事有系統的巡禮，也檢驗出「人」對憲法的需要，以及憲法對「人」的價值。

銀行法

金桐林／著

本書作者根據實際從事銀行業務及實務之體驗，將現行銀行法分十一章，條分縷析，逐一闡釋立法意旨及精義所在，更索引友邦國家之銀行法規及銀行制度以為參證；其他如相關之貨幣銀行學理論，以及主管機關依據銀行法制定之管理規章，與補充性、解釋性之規定，亦予以介紹。立論務期新穎，取材力求實用。可作為銀行從業人員之參考，大學商、法科學子之補充，以及各界人士準備各類考試之最佳用書。

金融管理法規（上）（下）

郭土木／著

本書對於金融管理法規之論述，在內容方面兼具下列特色：一、範圍力求允宜適中，對於較為常見及適用較普遍之金融管理法規加以論述。二、論述上結合理論與實務，對於金融管理法令之規範，其立論基礎之介紹與實務運作予以融合作比較分析，並援引國外立法例之規定。三、依金融管理法律之規定與相關法規命令或職權規定配合為一併敘述，為提供完整之管理規範全貌，對於實體之作用法令所規定之內容，力求能周延地加以論述。

證券交易法論

吳光明／著

本書沿襲歷來既有之立論與基本架構，並探討九十五年最新修正之證券交易法以及相關行政命令等，另亦補充各章節之內容。同時，配合新修正法規之要旨與方向，加入幾篇新文章，諸如：財務報告、有價證券之私募、證券會計師、律師之法律責任、獨立董事之新規定等，期能對證券交易學術著作有所助益。以作者豐富之實務經驗，加上理論研究，相信本書必定篇篇佳作，祈與讀者共同分享。